ビジネスに効く！

演劇アプローチ

組織の活力を取り戻す「共感」「身体」「即興」

はじめに

本書を手に取っていただいて、ありがとうございます。

でも、なぜ、あなたは、本書に興味を持ったのでしょうか。おそらく、「ビジネス」と「演劇」という関係なさそうな組み合わせに、「はて？　どう関係するのかな？」と不思議に思ったのではないかと思います。演劇がビジネスに役立つなんて、あまり聞いたことがないはずです。

でも、結論から言うと、演劇で培われてきた知見は、ビジネスに役立ちます。プレゼンテーションが上手になるということは、すぐに想像できるでしょうが、それだけではありません。イノベーション、ダイバーシティ、トランスフォーメーションなど、ビジネスのいろいろな場面で役立つのです。特効薬というわけではないのですが、漢方薬のように、徐々に、でも確実に効きます。

先の見えない経営環境

ビジネス雑誌には、現代の企業が直面している経営課題として、様々な用語が取り上げられています。イノベーション、ダイバーシティ、トランスフォーメーション、ＳＤＧｓ、などは、みなさんもよく目にしているでしょう。実際に、業務上で携わっている方もいるかもしれません。

こうした用語が使われるようになったのは、ビジネスの前提が変化しているからではないでしょうか。比較的安定的な環境のもとでのビジネスは、事前の詳細な分析によって戦略を策定し、それを着実に遂行することで成否が決まっていました。したがって、ハーバード・ビジネススクールのポーター教授が提示したファイブ・フォース分析に代表されるフレームワークを熱心に勉強する人が多かったと思います。実際、１９９０年代にビジネススクールで学んだ私自身も、そうした分析手法を知ることがビジネス能力を高める早道だと信じていました。

しかし、先の予測が難しい時代に我々はいます。科学技術の進展で、今までになかった製品やサービスが頻繁に現れます。自然災害は、１００年に1度という規模のものが毎年発生しています。「想定外」のことが頻発しているのです。COVID-19の流行は典型的でしょう。2020年前半は、1週間先の予定が立たないという霧の中にいるような体験をしました。いわゆるVUCAの時代を実感する日々でした。このように、先の予測が難しい環境にいる場合、分析能力を高めるよりも、変化への対応能力、もしくは変化を活用する能力を高めたほうが成功する可能性が高まるでしょう。安定した経営環境から先の見えない経営環境へ、ビジネスを考える上での前提が変わっているのです。

中心テーマはイノベーション

こうした変化を反映して、ビジネスパーソンの学ぶ内容も大きく変わっています。かつては「ロジカル・シンキング」といった論理性を磨く研修が流行りましたが、最近はそうした研修の需要は減っているようです。今は逆に「デザイン・シンキング」といった論理性を超えた思考法を学ぶ研修が盛んです。ロジカル・シンキングよりもデザイン・シンキングの方が、環境変化に応じたイノベーティブな製品やサービスの開発、ビジネスモデルの創造や転換に有効であるからでしょう。

私がプログラム設計に携わっている日本マーケティング協会のエグゼクティブ・マーケティングコースでは、ここ数年、登壇する講師陣の講義のメインテーマが、「イノベーション」に集中するようになりました。私から「イノベーションについてお話いただけますか」とお願いしているわけではないのにもかかわらずです。講師陣の専門分野はそれぞれ異なり、使う用語も違うのですが、講義はイノベーションを生み出すためにはどうすればいいのかという内容で共通しています。

私が所属する青山学院大学ビジネススクールでも、2020年からサービス・デザインの授業を開講しています。「デザイン・シンキング」の授業もあります。また、「次世代デジタル・イノベーション」、「イノベーションとアート」という寄附講座も開講しています。ここ数年で、「イノベーション」という単語が授業名に含まれている授業は増えていますし、含まれていない他の授業でも、イノベーションについて語られています。

こうした傾向は、より一層進展してきており、イノベーションそのものに加えて、それを生み出すために必要な要素にまで関心が及んでいます。例えば、イノベーションの起点となるユーザーへの「共感」や失敗を許容する「心理的安全性」、イノベーションを促進するための「ダイバーシティ」と「コミュニケーション」、オープン・イノベーションを行う際に突き付けられる自社の「ミッションやパーパス」、変化への素早い対応を示す

「アジリティ」などです。

手法よりもマインドセット

イノベーションを生むための手法は、これまでにいくつも開発されています。古くはKJ法やSCAMPERなどがありますが、最近では、もっぱらデザイン・シンキングでしょう。ペルソナやカスタマー・ジャーニーマップ、ステークホールダーマップなどのツールを使って、新しい製品やサービスを開発しようと取り組んでいる企業は多いと思います。

しかし、こうした取り組みがうまくいっている企業は、そう多くないでしょう。ツールを学んだだけで組織が創造的になるということはありません。私自身、ビジネススクールでデザイン・シンキングを取り入れた授業を実施していますが、ツールを教えるだけでは創造的なアイデアは出ません。実は、ツールよりも大切なのは、参加する個人のマインドセットなのです。創造的なマインドセットになったメンバーが使えば、ツールは活きてくるのです。

もともと人間は創造的な存在です。子供の頃は、誰しも創造性豊かだったはずです。あの頃に描いた絵を見ればわかります。常識に囚われない大胆な発想をしていました。成長するにつれて、様々な文脈の中で、その文脈にあった常識的な行動をするようなります。それ自体が大人になるということですが、言い換えれば、自分に制約を課し、創造性を抑えて生きているとも解釈できます。したがって、イノベーションを生むには、子供の頃に持っていた、既成概念から自由な感覚を取り戻さなくてはならないのです。

では、創造的なマインドセットになるためにはどうすればいいのでしょうか。これが意外に難しいのです。ビジネスの世界では、創造性よりも論理性が求められることが多いでしょう。社内の稟議は、論理的な説明をしないと通らないですし、ビジネスパーソンは、ロジカル・シンキングの研修を受けるなどして、論理性を磨いてきました。しかし、論理性から創造的なアイデアが生まれることはまれです。論理的になればなるほど、当たり前のアイデアしか出てきません。といって、論理から離れて考えようとしても、日頃の思考方法から逃れるのはかなり難しく、ついつい論理的に考えてしまいます。

ビジネスへの演劇アプローチ

創造的なマインドセットになるのに有効なのが、演劇で蓄積された知見を使ったアプローチなのです。視点を変えたり、五感を使ったり、体を使ったりすることで、論理の世界から離れることができます。

デザイン・シンキングのワークショップでは、アイスブレイクと称して、創造的なマインドセットに変化させるようなワークを行うことがありますが、そのほとんどは演劇の世界で使われているものを取り入れています。源流は演劇にあるのです。

演劇アプローチは、イノベーションにも活きますが、それだけではありません。コミュニケーションやプレゼンテーションにも効果的であることは想像できるでしょう。また、販売やサービス・営業の場面でも、ビジョンや創業精神の浸透にも有効なのです。さらに、経営環境の変化への対応（ダイナミック・ケイパビリティ）など広範囲の経営課題に対しても威力を発揮します。

海外での演劇を使ったビジネス教育

みなさんは、演劇アプローチのビジネス研修を受講したことがありますか。おそらく、ほとんどの人は受講していないでしょう。聞いたことがある人でさえ、そう多くはないと思います。

しかし、欧米では、そう珍しいものではありません。欧米のビジネススクールでは、演劇を使った科目が用意されています。例えば、MITスローンビジネススクールの"EnActing Leadership: Shakespeare and performance"という科目では、履修者は実際にマクベスを演じます。マクベスとして舞台に立つことで、リーダーシップの本質を理解し、加えてリーダーシップスキルやコミュニケーションスキルを身に着けていくのです。スタンフォード大学のビジネススクールでも"Leading with an Improv Mindset"という即興演劇を使った科目があります。バージニア大学ダーデン・ビジネススクールの"Leadership & Theater: Ethics, Innovation & Creativity"という科目では、戯曲の分析から始まり、短い芝居の実技を重ね、やや長めの芝居を演じるという授業構成になっています。

ケリー・レオナルド、トム・ヨートン著『なぜ一流の経営者は即興コメディを学ぶのか』という本には、劇団「セカンドシティ」が行うビジネス教育について記されています。セカンドシティの研修は、基本的には即興劇（インプロビゼーション）が中心になっています。この本によると、モトローラ、日産、グーグル、ナイキ、マクドナルドなどの企業がセカンドシティの研修を受けているようです。

本書の筆者の一人、広瀬が演劇を学んだ英国の王立演劇アカデミー（Royal Academy of Dramatic Art）では、学校の収入のかなりの割合が、芝居のチケット収入ではなく、ビジネス研修だそうです。演劇の先生が、企業へ出向いて、ビジネスパーソンへ向けて研修を行うのです。イギリスを始めヨーロッパで、演劇アプローチによるビジネス教育が盛んであることの証左です。

このように、欧米では一般的に実施されている演劇アプローチによるビジネス教育は、日本企業にとっても効果的だと思います。本書は、日本の企業でも演劇アプローチによるビジネス教育が活用されることを願って執筆しました。数年後には、日本でも演劇アプローチによるビジネス教育が当たり前の存在となり、日本企業の成長や進化を後押ししている状態にしたいと考えています。

執筆者の紹介

本書は、演劇アプローチを使ったビジネス教育サービスを提供している株式会社トビラボの広瀬彩と須田真魚、そして同社顧問である黒岩健一郎の3人が執筆しています。

須田は、劇団俳優座を経て30年のキャリアを持つ演劇人です。俳優として国内はもとより海外でも舞台に立ち、シェイクスピアなど古い海外の作品から現代劇まで様々な役を演じてきました。近年は俳優のみならず、劇作や演出も手掛け、また新たな演劇の社会還元の形を探り、いくつかの大学にて演劇を教え、その可能性を広げています

他方、黒岩は住友商事で8年間のビジネス経験を持ち、ビジネススクールで経営学博士の学位を修得後、現在は青山学院大学ビジネススクールでマーケティングの教員をしています。

そして広瀬は、劇団俳優座からキャリアをスタートした俳優でもあり、ビジネススクールでビジネス学んだＭＢＡホルダーで、現在は株式会社トビラボを経営する経営者でもあります。

この3人は、日頃、ビジネス教育プログラムの開発プロセスで、様々な議論を重ねてい

ます。主に、須田が演劇で蓄積された知識を提供し、黒岩がビジネスサイドのニーズに合わせ、広瀬が両者のバランスをとるという図式で活動しています。本書もそうした役割分担をして、それぞれの専門性を活かして解説しています。

執筆者によって文体が異なるので、読みにくい面はあろうかと思いますが、どうかご容赦いただきたいと思います。

本書の構成

本書は、演劇アプローチによるビジネス教育の必要性や有効性を理解していただくために、次のような構成としています。

第1章では、黒岩が、演劇アプローチがビジネスに生きることを理解するための準備として、理論的な背景を説明します。演劇アプローチで鍵となる概念である「共感性」や「身体性」、そして「即興性」について解説します。

第2章では、須田が、演劇アプローチとはどのようなものかを解説します。そもそも演劇とは何かから掘り下げて、演劇アプローチに迫ります。

第3章では、黒岩が、演劇アプローチがビジネスに活きることを説明します。コミュニケーションやプレゼンテーション、販売やサービス・営業、製品・サービス開発や事業開発、企業理念や創業精神・パーパスの浸透、環境変化への対応など、様々な場面で効果があることを示します。

第4章では、広瀬が、ビジネススクールにおいて行っている演劇アプローチによるビジネス教育の具体的なプログラムについて説明します。どんなワークを行うのかがイメージできるでしょう。

第5章は、広瀬が、企業研修で実施しているプログラムやその効果について記します。プログラムの内容や受講者の感想も読んでもらおうと思います。

最後の第6章は、演劇アプローチによる研修を数多く実施している日本電気株式会社（NEC）の製造ソリューション事業部門スマートインダストリー統括部長鈴木克巳さんと、筆者3人との対談です。NECでは、なぜ演劇アプローチの教育を取り入れているのかが理解できるでしょう。

本書を通じて、演劇アプローチによるビジネス教育の有効性を理解していただけると幸いです。

目次

第4章　「ビジネスへの演劇アプローチ」の実例①──ビジネススクール授業編……81

第6章 対談 演劇アプローチは企業経営の場でどう活かされているのか…143

日本電気株式会社 鈴木克巳氏に聞く

第1章

演劇アプローチの理論的背景

なぜ、演劇が、ビジネスに効果があるのだろうか。演劇とビジネスとは、何の関係もなさそうに思えるが、確かに役立つ部分がある。では、それを説明しよう！　と言いたいところだが、しっかりと理解していただくには、少し手順が必要である。

本章では、演劇アプローチがビジネスの様々な場面で生きることを説明していくうえで、知っておいてもらいたいカギとなる概念を説明する。それらは、共感性、身体性、そして即興性である。やや理論的な話だが、このあとの章を理解する前提となるので、しばらく硬い話に付き合ってもらいたい。

共感性（Empathy）

まず、共感性である。「共感」という言葉は、昨今、耳目にすることが多くなった。インターネットでの「共感」という単語の検索数は、Google Trendsで調べると、この10年間、右肩上がりである。"Empathy"の検索数も、同じ傾向である。日本だけでなく、世界全体でも、共感への関心が高まっている。

共感に関する書籍も多く出されている。ブレイディみかこさんの『ぼくはイエローでホワイトで、ちょっとブルー』は、人種差別、ジェンダー問題、貧富の差、万引き、いじめ、暴力、政治的対立などに直面する中学生が主人公のノンフィクションである。自分と違う考え方を理解するために、エンパシーが鍵の概念として登場する。

また、スタンフォード大学の心理学の准教授であるジャミール・ザキ氏の『スタンフォード大学の共感の授業　人生を変える「思いやる力」の研究』も売れているようである。この本では、共感に関するこれまでの研究が、わかりやすく書かれている。

ビジネスにおける共感の重要性を示した書籍もある。ハーバード・ビジネス・レビュー編集部は、過去のハーバード・ビジネス・レビューに掲載された共感に関わる論文や記事を集めた『共感力』という書籍を出している。権力と共感力の関係など、ビジネスシーンにおける共感に関するトピックを取り上げている。

また、著名な経営学者の野中郁次郎氏も『直観の経営「共感の哲学」で読み解く動態経営論』という著作を刊行している。野中氏は、『ワイズカンパニー　知識創造から知識実践への新しいモデル』などの書籍においても、本田宗一郎が「優秀なエンジニアと凡庸なエンジニアの違いは、顧客の心に寄り添えるかどうか」と言ったというエピソードを紹介するなど、共感の重要性を記している。

では、共感とは何か。実は、共感（エンパシー）の定義は、まだ定まっているとは言えないようである。細かく分類すると、我々は8種類の現象に対して共感という言葉を使っているという。[1] 伝統的な定義では、「他者の経験について、ある個人が抱く反応を扱う1組の構成概念」[2] とし、認知的共感（他者の内面について、推測や想像をすること）と情動的共感（他者の感情状態を同じように経験すること）を包括した概念としている。ここでのポイントは、他者の内面を理解するだけではなく、同じような感情を経験することまで含んでいることである。現在は、認知的共感、情動的共感に加え、共感的配慮（他者が置かれた状況を何とかしてあげたいと望むこと）の3つの下位概念から構成されるとしている。

これらの3つの下位概念間の関係は、まだ解明されていない。3つが相互に影響を及ぼし合っているという説もあれば、認知的共感が情動的共感に影響を与え、情動的共感が共感的配慮に影響を与えるという因果を想定している説もある。

では、人は他者へ共感すると、どのような行動をするのであろうか。共感的配慮を見れ

1　Batson, C.D. (2009) “These things called Empathy: Eight related but Distinct Phenomena,” In J. Decety & W. Ickes (Eds.), The social neuroscience of empathy (pp.3–15). MIT Press.

2　Davis M.H. (1983) “Measuring Individual Differences in Empathy: Evidence for a Multidimensional Approach,” Journal of Personality and Social Psychology, 44(1), 113–126.

図表1-1：共感の構成概念の関係

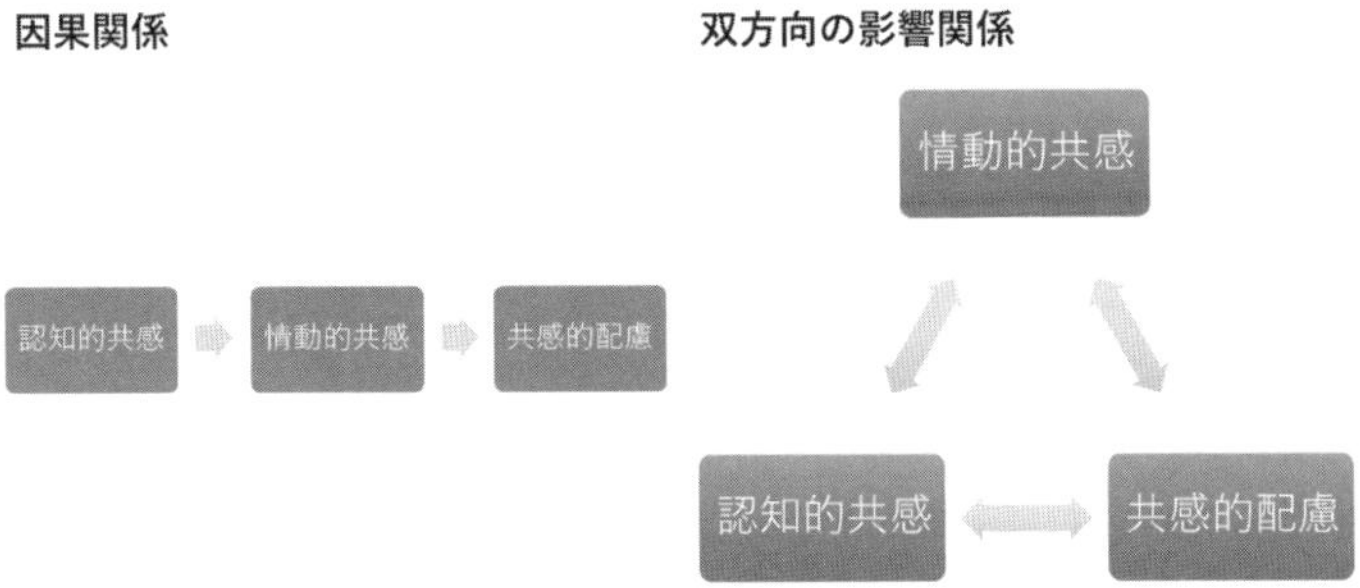

出典：Zaki（2019）をもとに筆者作成

ば想像できるだろう。共感的配慮が、他者が置かれた状況を何とかしてあげたいと望むことであるため、そうした思いを実行に移すと考えられる。例えば、共感した他者への援助行動を行ったり、向社会的行動（社会のために無私の心で行う行為）をとったり、他者に比べて恵まれていることに罪悪感を持ったりする。

一方、負の側面もある。共感した他者への援助行動が法律に違反する行動であったり、非倫理的な行動であったりする場合も実行してしまうことがある。例えば、強烈な痛みを伴う病気を患っていて「死にたい」と言う患者さんに共感した医師が、死を幇助してしまうといった場合である。また、共感しすぎると疲れてしまう（これを共感疲労という）場合もある。コールセンターの対応スタッフの離職率が高いことの原因の一つは、顧客に共感しすぎて疲労するからだろう。

共感力は、幼児から成長するにつれて高くなるのだが、大人になるとピークを迎える。そして、年齢を重ねるごとに低下する傾向がある。面白いことに、権力を持つと共感力は低下するという研究結果がある。人は権力を持つと、自分の意見が正しいと考え、他者の意見を聞くよりも、自分の主張を押し通す傾向が強くなるようである。組織のリーダーは、そうした傾向を戒めとして知っておく必要があるだろう。

一方、他者と同じ経験を持つ場合は、共感しやすいだろう。例えば、船酔いを経験したことがある人は、船酔いをしている人の気持ち悪い感覚がわかるだろう。よって、優しく対応する可能性が高い。しかし、同じ経験を持つからといって共感するとは限らないという研究もある。子育てをした経験がある女性上司は、独身の女性上司よりも、子育て中の部下に厳しいという。なぜなら、過去の苦しんだ経験を過小評価する傾向があるからである。さらに、状況の困難さをわかっているという自信があるため、「このくらいは乗り越えられるはず」と考えてしまうのである。

身体性（Embodiment）

次に紹介したいのは、身体性である。一般に、身体は心によって動かされているものと考えている人が多いだろう。デカルトは、心と身体は独立に存在しうるものとした。この考え方を心身二元論と言う。科学はそれぞれを分離して研究してきた。心は心理学が、身体は身体学が解明してきたのである。そして、心が身体を制御すると考えられてきた。

しかし、昨今は、身体と心は不可分で、常に相互にコミュニケーションしていて、影響し合っているという心身一元論が台頭している。心が身体を制御するのではなく、身体が心を変化させる、もしくは身体と心とは一体となって変化すると考えられる。

大相撲中継で力士へのインタビューを聞いていると、力士は「今場所は、身体がよく動いてくれている」という言い回しで好調さを伝える。「今場所は、身体をよく動かせている」とは決して言わない。つまり、心が身体を動かしているのではなく、心よりも先に身体が反応していることをわかっているのだろう。

それを裏付ける古典的な実験がある。リチャード・ヘルドとアラン・ヘインが行った猫を使った実験である。同じ親から生まれた2匹の子猫を、片方の猫は自由に動けるようにし（能動運動可）、もう一方の猫は前を見ることはできるが、体は自分で自由に動かせず、もう一方の猫の意図によって動くようにしておく（受動運動のみ）。この状態で10週間程度、過ごさせた後に、両者を自由にして歩かせたところ、能動運動可の猫は適切に歩行できたのに対し、受動運動のみの猫は、適切に歩行ができなかった。つまり、能動運動可の猫は、どういう状況でどのように身体を動かすと前に進むのか（認知と身体の関係性）を学習していたが、受動的に前を見せられただけの猫は、身体の動かし方はわかるが、状況とのつながりを学習できなかったということである。[3]

認知は身体に依存するという考え方さえある。身体的認知と呼ばれている考え方である。例えば、馬と人間とは、目の位置が異なるので、認知できる範囲も異なる。すなわち、眼球の配置という身体構造が、状況の認知に大きく影響を与えているということである。同じ人間でも、背の高い人と低い人では、視点の高さが違うので、異なる情景を見ていることになる。

ビジネスパーソンにとっては、暗黙知という言葉を使った方が、身体性を理解しやすい

3　Held, R. and A. Hein (1963) "Movement-Produced Stimulation in the Development of Visually Guided Behavior," Journal of Comparative Physiological Psychology, Vol.56, No.5, 872-876.

かもしれない。暗黙知は、哲学者マイケル・ポランニーの提唱した概念で、主観的で言語化することができない知識のことを言う。野中郁次郎・竹内弘高著『知識創造企業』の中で紹介されたことで、ビジネスパーソンには馴染みの概念になった。具体的には、自転車の乗り方や知人の顔の区別などがある。自転車を乗りこなすことや顔を区別することは可能であるにもかかわらず、どのように自転車を操作するのか、どのように他の顔と区別するのかを明示的に言葉で語ることはできない。つまり、身体が知っていることなのである。

このように、心と身体は不可分な存在であることが定説となりつつある。それに呼応して、パフォーマンス心理学という分野が注目され始めている。ここでのパフォーマンスとは、おままごとや芝居のように、自分とは異なる人物になるプロセスのことをいう。別の人物を演じることで、いつもやっている制約の中での行動から解き放つことができると考えられている。例えば、英国ロイヤル・シェイクスピア・カンパニーのケリー・ハンターは、自閉症児がプロの俳優たちとシェイクスピア劇の一部を演じるプログラムを実施している。自閉症児は、演じるプロセスを通して、今までできなかったコミュニケーションや視線接触ができるようになるそうである。パフォーマンス、すなわち自分ではない誰かを演じること、自分ではない存在になることは、自分が何者であるかを創造する活動であり、学習プロセスとも言えるようである。

即興性（Improvisation）

最後に紹介するのは、即興性である。即興性とは、ある環境の刺激に対して、先入観なしに行う反応である。計画的な反応とは対極にあると考えると理解しやすい。あらかじめ計画を立てておいて、その計画通りに行動するわけではなく、その場の状況に合わせて行動するのである。

即興性と聞いて思い浮かぶのはジャズだろう。ジャズでは、楽譜やメモによらずに即座に演奏することがよく行われる。奏者は、その時の状況や感情、他の奏者との関係から、その場で生きた音楽を創造する。したがって、二度と同じ音楽は再現されない。ジャズの対極にあるのは、楽譜通りに正確に楽器を奏でる行為だろう。もちろん、厳密には、全く同じ演奏というのはないのだが、より再現性の高い演奏を目指すのであれば、即興性は不要となる。

音楽とともに即興を使った作品ジャンルには、即興詩、即興劇がある。即興劇は、台本が用意されておらず、俳優たちが舞台上で対話によって生み出すパフォーマンスである。私が見た即興劇では、設定と役柄、最初のセリフだけが決められていて、その後は、俳優のリアクションの連続で進んでいった。エンディングでは、オープニングの時には予測しなかったような展開になっていった。別の即興劇では、あらかじめ観客にカードへ単語を書かせておき、そのカード群の中から3枚を引いて、3つの単語を使った劇が繰り広げられた。

即興劇の歴史を紐解くと、古代にまでさかのぼるようだ。中世のヨーロッパにおいて盛んになるが、その後衰退し、20世紀に入り再び盛んになり世界中へと広まった。おもに俳優向けの教育手法として発展していくわけだが、自己表現やコミュニケーションを促進するための手法としても使われていた。即興劇を演劇以外の文脈で利用しようという試みである。これは「応用インプロ」と呼ばれている。

もちろん、ビジネスへの応用もされている。ケリー・レオナルド、トム・ヨートン著『なぜ一流の経営者は即興コメディを学ぶのか？』では、世界的に有名なコメディ集団で、かつ即興演劇の教育機関でもある「セカンド・シティ」が、多くの有名企業に対して独創的なビジネス研修を提供している様子が描かれている。

マーケティングの研究にも、即興性の概念は登場する。マーケティングの研究雑誌として最も権威のあるJournal of Marketingにおいて、Borahたちは「ソーシャルメディアにおける即興的マーケティング介入」という論文を2020年に掲載している。この論文では、X（旧twitter）における即興的なマーケティング介入（いわゆるツイート）が、リツイートの広がりや企業価値へ与える影響を分析している。ユーモア性、タイムリー性、意外性が高いツイートは、広く拡散し、株価を押し上げる効果もあることを示した。[4]

即興性は、刺激に対する反応であるため、即興能力を向上するには、刺激を正確にキャッチする能力が必須である。そのためには、今、目の前で起こっていることに意識を集中する必要がある。いわゆるマインドフルネスの状態である。

マインドフルネスとは、「現在において起こっている経験に注意を向ける心理的なプロセス」と定義されている。昨今は、ストレスを解消するための医療行為として、瞑想によるマインドフルネスが流行しているが、「無の状態」になるわけではなく、呼吸や音などの現在起こっていることに意識を向けることである。そうした状態になれば、様々な外部からの刺激をキャッチすることができ、それに反応することができるのである。

4　Borah, A. et al. (2020) "Improvised Marketing Interventions in Social Media," Journal of Marketing, Vol.84, No.2, 69-91.

共感性、身体性、即興性の3つの概念が理解できれば、演劇がビジネスに活用できることは理解できるだろう。しかし、その前に、演劇とは何かについて理解を深めておこう。第2章では、演劇とはどのようなものかを解説する。じらすようで申し訳ないが、ビジネスのどのような場面で演劇が活きるかについては、第3章に記す。

【参考文献】

- ブレイディみかこ（2019）『ぼくはイエローでホワイトで、ちょっとブルー』新潮社
- Zaki, Jamil (2019) *The War for Kindness*, The Gernert Company（ジャミール・ザキ『スタンフォード大学の共感の授業　人生を変える「思いやる力」の研究』ダイヤモンド社、2021年）
- Harvard Business Review (2017) EMPATHY, Harvard Business School Publishing（ハーバード・ビジネス・レビュー編集部『共感力』ダイヤモンド社、2018年）
- 野中郁次郎、山口一郎（2019）『直観の経営「共感の哲学」で読み解く動態経営論』KADOKAWA
- Nonaka, I. and H. Takeuchi (2019) *The Wise Company*, Oxford University Press.（野中郁次郎、竹内弘高『ワイズカンパニー　知識創造から知識実践への新しいモデル』東洋経済新報社、2020年）

●Fincher-Kiefer, R. (2019) HOW THE BODY SHAPES KNOWLEDE Empirical Support for Embodird Cognition, American Psychological Association.（レベッカ・フィンチャー－キーファー『知識は身体からできている　身体化された認知の心理学』新曜社、２０２１年）

●Nonaka, I. and H. Takeuchi (1995) Knowledge-Creating Company（野中郁次郎・竹内弘高『知識創造企業』東洋経済新報社、１９９６年）

●香川秀太、有元典文、茂呂雄二編（２０１９）『パフォーマンス心理学入門　共生と発達のアート』新曜社

●Dudeck, Theresa Robbins and Caitlin McClure (2018) *APPLIED IMPROVISATION Leading, Collaborating, and Creating Beyond the Theatre*, Bloomsburry Publishing Plc.（テレサ・ロビンズ・デュデク、ケイトリン・マクルアー編『応用インプロの挑戦　医療・教育・ビジネスを変える即興の力』新曜社、２０２０年）

●Leonald, Kelly and Tom Yorton (2015) *Yes, And: How Improvisation Reverses "No, But" Thinking and Improves Creativity and Collaboration-Lessons from The Second City*, Harper Business.（ケリー・レオナルド、トム・ヨートン『なぜ一流の経営者は即興コメディを学ぶのか?』ディスカヴァー・トゥエンティワン、２０１５年）

●Harvard Business Review (2017) MINDFULLNESS, Harvard Business School Publishing.（ハーバード・ビジネス・レビュー編集部『マインドフルネス』ダイヤモンド社、２０１９年）

●松田雄馬（２０２０）『人工知能に未来を託せますか　誕生と変遷から考える』岩波書店

第2章

俳優視点からの「演劇アプローチ」

第1章では演劇的アプローチがどのような要素を孕んでいるのか、その理論的背景を含めて挙げた。この章では一俳優の視点から、演劇アプローチとは何かということを、そも、演劇とは何なのかという根本的な問いから始めたい。

演劇離れの現実

「皆さん、おはようございます。エー、だしぬけにお尋ねしますが、私、劇場で演劇を観たことある、っていう方、どれくらいいらっしゃいますか」

研修の冒頭、私たちは参加者に必ずこう、問いかける。

そうすると30名くらいの会場であれば、大抵ひとりかふたりの手が上がる。そこで、どんなものをご覧になりましたかと尋ねれば、「劇団四季のミュージカルを観ました」とか「子供の頃、親に連れられてお芝居を見たことがあります」といった答えが得られる。

そこでさらに、ご覧になっていかがでしたか、と尋ねると、「やっぱ生の舞台って迫力があってすごいですね」とか「ずいぶん昔のことなので、内容は覚えていません」といった返事が返ってくる。

ご覧になってくださる方があってこその演劇です。あなた方こそが日本の演劇界を支えているといっても過言ではありません。と感謝を述べて、私たちはさらに質問を重ねる。

「ではみなさん、お芝居をしたことのある方はいらっしゃいますか？」

参加者は一瞬、お互いを見やりながら小さく遠慮がちに首を左右に振る。

「ありゃ？　皆さん本当にご経験ないのですか」と尋ねると、勇気を出した一人が「学芸会、とかもアリですか」と声を上げる。

「もちろんです！」と大きく頷くと、やっと、二、三名の手がおずおずと上がってくる。

つまり、ほとんどの方が演じたことも見たこともない、というのだ。

そうした方々にとって、「演劇、お芝居」といったキーワードは、どれほど遠い世界のものだろう。日常とは切り離された、いわば自分とは無限大に等しいほど距離のある概念であるだろうということが想像するに難くない。

近年、義務教育の過程で演劇を扱うことが少なくなってきたという話を聞く。

四十年ほど前、つまり自分を振り返ると、小学校の国語の教科書には、必ず狂言や現代劇のちょっとした戯曲が載っていたし、お楽しみ会や学芸会では、必ず「お芝居」の出し物があった。ポスターカラーで塗られた段ボールの書割、お母さんに手伝ってもらった不揃いの衣装。主役を演じる級友が眩しく見えたことを思い出す。

時折、学校を巡回する劇団が文芸作品などを上演する鑑賞会などもあった。私の小学校に訪れた巡回劇団が上演した「二十四の瞳」は未だに私の記憶に鮮明である。とはいえ低学年の頃だったから、内容というよりも、先生役の女優さんが颯爽と体育館に自転車で登場したこと、その笑顔と清々しい白いブラウス姿が一陣の風の記憶として残っているのだ。今や、その女優さんの名前も知る由もないが。

話が逸れてしまったが、つまり、兎にも角にも、そうやって、ほぼすべての子供が、読んだり演じたり観たりと、なんらかの形で「演劇」を触った時代があったのだ。現在、教育の現場でそうした取り組みが少なくなっているという事は、そうならざるを得なかった経緯を想像しても、演劇に身を置く私としては残念である。そして、そうした状況の変化が、少なからず参加者の皆さんと演劇との心理的な距離を広げている一因だろう、とは思う。

しかし、だからと言って、本当に「演劇」は社会的にその存在を遠くしているのだろうか。

この問いに答えるためには、まずそもそも「演劇とは何か」ということを考えなくてはなるまい。

演劇とは何か

皆さんは演劇という言葉を聞いた時に、どんなモノ、コトを思い浮かべるだろうか。劇場や舞台、といった場所を思い浮かべる人もいるだろう。あるいは俳優、演出家、脚本家などの職業を思う方もいるかもしれない。歌舞伎や能狂言といった古典芸能、小劇場やアングラ、新劇、ミュージカル、剣劇、また、今流行りの2・5次元などのジャンルを思い浮かべる方もいるだろう。宝塚歌劇団や劇団四季、俳優座や文学座、吉本新喜劇や小劇場の様々な劇団、団体はどうだろうか。眩いスポットライト、爆音の音楽、アクション。プロジェクションマッピング。俳優のふり飛ばす汗。あるいは……知り合いの演劇関係者から届くメール。夢を追う若者たち。高額なチケット、長時間座り続ける苦痛、といったイメージを思い浮かべる人もいるかもしれない。

このように「演劇」という言葉が喚起させるモノ、コトは実に様々である。

しかしそうしたイメージを、いささか乱暴にすり合わせるならば、「舞台」の上で「俳優」と呼ばれる人たちが演じるのを「観客」が観る。つまり、一つの空間に人々が集まり、二手に分かれ、一方が演じ手となり演じるのを、もう一方が観客となりそれを見守る。と言ったところに集約できるかもしれない。

舞台と客席は、絶対不可侵の目に見えない壁で仕切られていて、舞台では様々な物語が演じられる。悲喜劇が、あるいはどこかの日常の風景が、嘆きや懊悩、嫉妬や歓喜など、私たちの持てる様々な感情が、決して客席を侵食しない安全な距離で繰り広げられる。

しかし、それは、演劇の劇場空間における一つのカタチに過ぎない。

ここで劇場空間とあえて述べたのは、実は劇場空間は演劇を成立せしめる絶対要件ではないからだ。例えば、劇場を離れ、屋外、街角でも演劇を上演することはできる。日本でも1960年代から街頭劇なるものが流行した。劇場から飛び出して、観客の生活する現実の市街にて上演することで、その境界を取り払おうとする試みは現代まで続き「イマーシブシアター」という名で再注目されている。これは、例えば一つの建物全体で同時多発的に進行するドラマを観客が移動しながら目撃するというものである。そこでは観客は単なる観劇者ではなく、役割を与えられ、ドラマに関わる一人として非日常的な状況を体験する。

つまり、劇場にまつわる様々な制約は実の所、演劇の本質ではなく、手法に過ぎない。

空間だけではない。台詞もそうだ。音声による台詞を排した無言劇（とはいえ音声化されない豊かな内的台詞があるのだが）といったものも存在する。

では戯曲はどうだろう。即興劇というジャンルがある。簡単なシチュエーションのみがあり、ストーリーをあえて定めず、俳優の即興的な掛け合いで行う演劇だ。

こうして考えてみると、劇場空間はもとより、台詞や台本、もしかすると俳優も観客も演劇の一つのエッセンスであって、本質ではないのかもしれない。

それでは演劇とは一体なんなのか。

そうした演劇にまつわる様々な制約条件、劇場をはじめとして、照明や、音響、音楽、衣装、舞台装置、台詞、俳優、観客さえも取り払って、最後に残るものは何か。その、一見空っぽに思える空間にこそ演劇の原初、本質が存在しているのではないだろうか。

最後に残るもの

さて、多様なエッセンスを丹念に取りのぞいたあと、最後に残るのは何だろうか。

そこには「行為と目的」が残る。

では演劇における「行為と目的」とはなんだろうか。

それは、「今、ここ、でない場所、状況を現出させる、創造する、」というものではなかろうか。それこそが演劇の核にあるのではないか。いってみればこの行為と目的とを成立させるためにこそ、先ほど取り除かれた様々な演劇的なエッセンスが生まれ付加されたといっても過言ではない。

この「今、ここ、でない場所、状況を現出させる、創造する」機能によって、私たちはきっと、文字を持つ以前から物語を語り継いできたのだろうし、そうして文化の種を育んできたと言えるのかもしれない。

演劇は時にある特定の政治的思想や信仰を広めるための強力なツールとして扱われたこともある。時代や状況に合わせて様々な目的が加えられたものの、本来は純粋に「今、ここではない状況を現出させる」という、ある意味魔術的な（といってもいい）手法であったのだ。

そして、俳優はこの魔術を成立させるエッセンスの一つであり、また同時にその使い手であるともいえよう。

いかがだろう。こんなふうに考えると演劇という行為の輪郭がぼんやりと見えてくるのではないだろうか。

しかし、この「魔術」はなにも俳優をはじめとする演劇家だけのものではない。

皆さんの子供の頃を思い出していただきたい。皆さんの記憶の始まるちょっと前、最初の遊びの瞬間まで想像力の船に乗って遡っていただきたいのだ。

演劇という道具

あなたの前にはいろいろなおもちゃがある。それは布製の人形であったり、木で作られた食器や調理器具を模したミニチュアであったりするかもしれない。あるいは幾つかの種類の単純な形を持ったカラフルな積み木、ブロックかもしれない。これらのおもちゃはあなたの周りの大人たちがあなたの誕生を祝ってそれぞれ思い思いに持ち寄って来たものだ。物心のつく前、まだ自他の境界の曖昧なあなたはそれらを叩いたり振り回したり、かじったりしながら、どうやら自分とは異なる、そのモノを少しずつ「認識」していた。性急な大人たちは、こうやって遊ぶのよ、などとあそび方をあなたに教えようとするが、まだ赤ちゃんと言ってもいいあなたにあそび方など伝わるはずもない。あなたは物の形や色、重さ、感触をただ無心に味わっている。

やがて、そうした認識が少しずつ層を成して、こうしたおもちゃにはそれぞれに意味があることに気づいてきたあなたは、それらを使って「模倣」をしだす。食器の形や動物の形を使ってそれらの使い方や動き方を試し始める。あなたは食べ物に似た形のものを食べられないことを理解した上で食べるふりをしたり、自ら動かない動物の形のものを生きているかのように動かし、ヒトの形をした物をヒトとして扱い始めるのだ。

おもちゃがなくても、そうした遊びは可能だ。あなたは野の草花を材料によくお料理ごっこをした。平たい石をまな板に、尖った石を包丁に、葉っぱを皿に、土をご飯に「見立て」て、ご馳走を作った。泥水はお汁粉やコーヒーミルクになった。あなたのお気に入りの見立ては近くの空き地を荒野にし、家の玄関へ上がる三段の石段をお城にすることだった。あなたにとって一振りの枝は魔法の杖になったし、伝説の剣にもなった。

「見立て」はすでに持っているおもちゃに対しても有効で、例えば、怪獣をお客さんにしたり、はては食材にすることもできる。見立てることで、遊びの可能性は格段に広がる。また、見立ては想像力の訓練でもある。だから、低年齢向けのおもちゃにはあえて見立ての余白を残したものも多い。

やがて、ともだちが増えると役を割り振り、受け持って遊ぶことになる。

お店屋さんごっこであれば商店を。お医者さんごっこであれば病院の、ままごとであれば食卓周りの風景、といった具合に様々なシチュエーションを、役割を受け持って「演じ」、作り上げる。ヒーローごっこも例外ではない。ヒーローと悪者、人質などをそれぞれが受け持ち、一幕もののヒーロードラマを作り上げるのだ。

これらの「認識」「模倣」「見立て」「演じる」といった一連の遊びを総じて私たちは「ごっこ遊び」とよぶ。

対象を「理解」して「模倣」する。モノに役割を与え、「見立て」の中で、そこにない、あらゆるものを生み出し、役を受け持ち「演じる」ことで世界を作り、息を吹き込む。それはまさに演劇の「行為と目的」である「今、ここではない状況を現出させる」魔術、そのものではないか。

それにしても、私たちは、そうした遊びを何故、飽く事なく繰り返していたのだろう。自分を振り返っても、記憶は遠く、ただ夢中に遊んでいたという感触が残るのみだ。そこで実際に保育園に取材に行き、園庭で遊ぶ子供達とともに過ごした。泥まみれになってひたすら団子を作る子供、木の枝を並べる子供、思い思いに遊ぶ子供達と一日一緒に過ごした。

私にはまるで、幼い子供たちが、それぞれの取材レポートを付き合わせて、自分たちの生きる世界はどうやらこんなものらしいぞ、と発表しあい、理解しようとしているように思えてならなかった。

彼らは、いや、私たちは、家庭や社会の様々、本やテレビの中などで見聞きした様々を模倣し、遊び、演じながら、役割やルール、多様性といった、まさに社会性を理解し、身につけようとしていたのではないだろうかとも思える。

つまり、私たちは演劇的行為をツールとして最初の学びをスタートさせたのだと言っても過言ではない。およそ人は観客となるずっと前にすでにプレイヤー（演者）であったのだ、と考えると、演劇は決して舞台の上の俳優たちだけのものではなく、ほとんどの人にとって「最も手に馴染んだ道具」であるのだといえまいか。

だから、私たちの研修は、参加する皆さんにそのことを思い出していただくところからスタートする。

演劇的アプローチとは何か

演じることは多くの人にとって最も馴染んだ行為の一つであるとして、それを最も高度な社会行動であるビジネスにどのように活かすのだろうか。それをご理解いただくためには俳優の仕事を知っていただくことが早道だろう。以下に並べるのは私のこれまで演じた役柄の一部だ。

のちにロシア革命を担う少年達のリーダー
水飲み百姓
幽霊
アウシュビッツを生き延びるポーランドの俳優
上司の命日を欠かさない後輩サラリーマン
１９７０年代のアメリアのろうの若者
百年前のロシアの農場の支配人
五百年前のイタリアの旧家の当主
少年三島由紀夫
シベリア抑留者
道化
東海道一の親分の子分
大衆演劇の俳優
１９５０年代のアメリカシカゴの陪審員
変態サラリーマン
シカゴのナンパ師

北関東在住の会計士
犯罪者を束ねる政府の諜報機関のボス
野良犬
母の面影を探す若者
ロシアの売れっ子小説家
妹をなくした童話作家
ロシアの貴族、男爵
弟殺しの罪人
家族に売り飛ばされ殺される音楽家
原発事故の後、自死する酪農家
ローマ帝国の護民官
吸血鬼（道路工事の労働者）
江戸時代の高名な彫刻家
大飢饉を生き延びたアイルランドの老農夫
19世紀のパリの屋根屋

これらをご覧になって何を気づかれただろうか。一つ一つ並べて共通点を探そうとしても難しいだろう。ぼんやりと全体をご覧になれば、そこには共通点らしいものがないことに気が付かれるのではないか。

それなら、これらの共通点の乏しい様々なキャラクターと、この私にいったいどれだけの共通点があろうか。正直に言おう。ほとんど、ない。時代も場所も文化も職業も悉く異なる、私からは等しく遠い他者であるのだ。

俳優の仕事

先に挙げた多様なキャラクターの、そのほとんどは私の希望とは無関係に私に配役され、担うことになったものだ。もちろん配役する側には何らかの思惑があっての配役であるのだろうがその思惑についてはここには関係がない。

これら徹底して他人であるところの他者を「演じる」のが俳優という職業であるわけだが、この演じるという行為は、単に台本に書かれた台詞を暗記して舞台の上で語るものでは決してない。圧倒的に自分と異なる他者を自らを通して観客の前に存在させる、生存させることを求められるのだ。それは「フリ」を超え、役として感じ、考え、行動することに他ならない。既に在る自分の価値観や感情、思考や体感覚を一旦傍において、他者であるところのキャラクターのそれらを、その人格を宿すのである。これを内在化という。

そうして観客は俳優が自らに宿す、キャラクターとそれらが織りなすドラマによって演劇の「行為と目的」であるところの「今、ここではない状況」を目にすることになるのだ。


俳優にとっての最大の報酬は幾ばくかの出演料を除けば、(真にその役に到達すればこそ、であるが)役の数だけの多様な人生を生きること、だと私は思う。これこそ、俳優の仕事の醍醐味であるとともに悩みどころでもある。何故なら、反復するが俳優の担う役は、時代も文化も職業もつまり、来し方すべてが俳優自身と決定的に異なる存在だからだ。

その限りなく遠い彼我の距離を越えるために俳優はどうアプローチするのだろうか。私の例を挙げたい。

念を押すが、これはあくまで私の場合であって、すべての俳優がこのようにするわけでなく、また、これが正しいというつもりもない。あくまで一人の俳優のケース、である。

稽古が始まる約一ヶ月前、上演台本が届けられる。

スッと呼吸を整えてまっさらな台本に折り目をつけて表紙を開く。

まずは機械的に通読する。ここで大切にしたいのは解釈を挟まずに文字情報として読み進めるということだ。まだこの時点ではキャラクターを造形しない。仮にビジョンが立ち現れてもそれを追うことを避け、ざっくりとプロットを抑える。物語と構造を把握する。ドラマとして思い描きたい気持ちが持ち上がるのをグッと抑えて、あえて機械的に読み進め、まずは書かれてある事実を台本の中から拾い上げる。そして繰り返し通読しながら徐々に自分の担うキャラクターを中心にその世界を見てゆく。例えば「ロミオとジュリエット」を例に取ってみよう。私が担った役はヒロインであるジュリエットの父、老キャピレットである、としよう。

場所　　　：「ヴェローナ」の広場。
　　　　　　一幕一場
いつか　　：日曜日の日中、早い時間
私は誰なのか：男性、老キャピレット、杖をついている。この土地の名門、キャピレット家の長。妻と14歳の娘がいる。他、家中の者を抱える。
私の目的　：一家の存続と繁栄のためには娘を一族にとって相応しい名士に嫁がせることが重要だと考えている。この土地を統べる大公の親戚、パリス伯爵と内々に婚礼の話を進めている。
なぜ来たのか：モンタギュー家との諍いの知らせを受けて広場に来た。
誰と来たのか：若い妻と一緒に登場
どんな服を着ているのか：寝巻き姿、杖をついている。

冒頭からだけでもいくつかのこのようなシンプルな事実が拾い上げられる。

さて、これらの事実は次のような更なる問いを生む。


「ヴェローナについて」

／この都市の規模は？／主な産業は？／キャピレット家はどのようにこの街に存在しているのか？／広場の大きさは？／広場にはどのような施設が面しているのか？／石畳なのか土なのか？

「いつか」

／具体的には何時なのか？／天気は？／この時間私は何をしているのか？ 寝巻き姿だが寝ていたのか？ あるいは庭を支えられながら散歩していたのか？

「私は誰か」

／具体的に何歳？／本当に老いているのか？／翻訳によれば杖は松葉杖であったりする。であればなぜ松葉杖なのか？　怪我をしたのか、病気なのか、いつから使っているのか？／好きな食べ物は何か？／口ずさむ歌はあるのか？／妻とはどのように出会ったのか？／兄弟姉妹はいるか？／彼のアイデンティティは？／彼の恐れていることは何か？／彼の喜びとは何か？／彼のラッキーアイテムは何か？／ポケットの中には何が入っているのか？

「私の使命」

（一家の存続と繁栄が第一義であるとして）／ジュリエット以外の子供はどうしたのだろうか？／年の離れた若い妻であれば、そもこれは初婚なのか？


これらの問いはごく一部に過ぎない。また、必ずしも台本の中に答えがあるわけでもない。いわば答えの約束されていない無数の問いが生まれるのだ。しかしながら、これらの当てのない問いは、この私と何もかも異なるこの老いたイタリアの旧家の当主を私の内に存在させるために必要なのだ。問い続けるという行為が必要なのだ。その人物が生きている、その空間の温度や湿度、取るに足らない柱の傷、漂う埃、聞こえてくるものや匂いなどを感じ、彼が実在する人物で、そこが実在する場所であることを五感レベルで認識するために必要なのだ。

台本はその大部分が台詞で構成されている。台詞とは音声化される行動である。つまり、そう話す、という指示である。それらは真実を語ることもあれば、嘘をつくこともある。私たちの言葉がそうであるように必ずしも真の欲求であるとは限らない。だから字面をそのまま盲信しない。例えば「なんと嬉しいこと！」と書いてあるからと言って彼が喜んでいるとは限らない。ただ、そのように言う、と書かれてあるのだ。

むしろ注目すべきはそれらの言葉がなぜ、どのような目的を持って発せられているのかということである。いってみれば「言葉の出どころ」に耳を澄ます必要がある。


さて、この台詞だが、役によっては膨大な分量を覚える必要がある。

よく、役者さんはよくもまあ、たくさんのセリフを覚えられますねぇ、などと感心されることがある。しかし私に限っていうならば、人より記憶力が良いわけでもない。むしろ台詞を覚えることに毎度苦労している。

だから私は極めてオーソドクスに実際に声に出して覚えることにしている。相手の台詞と自分の台詞とを自動的に出てくるようにくり返し声に出す。生活の様々で台詞を諳んじる。たとえば散歩をしながら、トイレで用を足しながら、料理をしながら。そのように様々な生活シーンの中で台詞を繰り返す。そしてそのキャラクターの日常を想像する。たとえば散歩しながらであれば彼はどのように空を見上げるのか、どのように歩くのか、といったある種の身体的なイメージを自らの肉体を通して想像するのだ。さらに、そうした生活の様々が彼にとってどのような意味があるのかといったことをも想像する。例えば、私が何気なくとる朝食。旧家の当主にとっての朝食はどのようなものなのか、食卓を囲む面々を、一人一人をどのように見るのか。皿に乗った料理をどんな思いで眺めるのか。彼の生活を想像しながら、そして無数の問いを重ねながらその役を少しずつ造形してゆく。彼の語る言葉を繰り返しながら彼の「価値観」と言うフィルターを通した世界を見るのだ。

稽古に入るまでの間、俳優が（正確には私の場合、であるが）どのように過ごすのか、そのさわりを書いてみた。稽古に入れば、また新たなフェイズが始まる。共演者や、演出家との共同作業が始まるのだ。そこではよりしなやかな即興的な作業が求められることとなる。

さて、ここまで書いてこの書が厳密な演劇書ではないことに立ち戻りたい。

演劇は誰に最も大きな恩恵を与えるのか

話は戻る。

演劇が多くの人にとって「最も手に馴染んだ道具」であるとして、それは一体何を意味するのか。

また、現代において、演劇はどのような意味を持つのだろうか。その恩恵はなんなのだろうか。誰が受けるのだろうか。

劇場に観にいくショウ、エンターテイメントとして考えるならば、あなたが幸運にもその生み出された世界に没入でき、その物語があなたの心を穿つことができれば、その体験はあなたにとって黄金の価値を持つかも知れない。私もいく度もそうした幸運に出会った。しかしながら、残念なことにそうした幸運は演劇に深く関わればこそ、少なくなってくるようにも思える。いわば舌が肥える事の不幸のように。

となると、やはり演劇はごく特別な機会に食すコース料理のような存在であるべきなのだろうか。私たちの社会とは遠くにあって、ごくたまに、忘れた頃に接するからこそ演劇は価値を持つのだろうか。いな、否である。

異論を恐れずに言えば、演劇の最も大きな恩恵を受けるのは観客ではなく、演じ手である、と私は確信する。

観客は観劇の中でドラマ全体を俯瞰的に目撃する。そこで行われた様々なドラマを時に批評的に、あるいは没入してドラマの行く末を見守る。任意の登場人物を中心に追うこともできるし、全体を一つのうねりとしてドラマの終着を受け止めることもできる。そうして、自分の人生を重ねたり、一見では理解ができなかった部分を反芻したりしながら、ある時ふと何か腑に落ちるような体験をするかもしれない。あるいは日常の様々から解き放たれて一時の解放を味わうかもしれない。これはいわば人間を俯瞰した「神の視点」とでもいうべき体験であろう。

一方、俳優の受くる恩恵とは、何か。言わずもがなであるが、出演料のことではない。俳優が演じるために支払う労力から比べれば、得られる金銭的収入は到底割りが合わない（ものがほとんどだ）。無論、観客からの賞賛でもない。それはもちろん大きな喜びであるものの、得られることは約束されていないし、自分自身が納得していなければ、素直に受け取ることもできない。

先にも述べたが、演じ手が得る最大の報酬は、演じた役の人生である、と私は思う。

自分の受け持つ役を掘り下げてその視点に立とうとする。自分ではない人物の目や耳、身体、思考でドラマの世界に生きようとする。その道程も含めて「他者の主観」を我が事として体験することこそが俳優の最大の報酬であろうと思うのだ。

私たちは自分という牢獄に囚われた囚人のような存在だといえよう。私たちは生まれてから死ぬまで自分から解放されることはない。自分の体験こそが唯一の体験であり、他者の幸も不幸も、それがかけがえのない人のものであれ、悲しいかな、どこまでも他者の事なのだ。だからこそ、人は時折、自らがその人の代わりにその体験を背負うことができないという事実にうろたえ、煩悶するのではないか。そうして「私の目」で世界を見る者の一人もいないことに絶望するのではないか。私たちは生まれた時から、誰もがたった一人で世界と対峙しているのだ。

この当たり前の、しかしながらごく不自由な状況を超越できたらどうだろうか。私たちは何を得られるのだろう。たとえ束の間であっても他者の人生を自ら感じられたらどうだろうか。その人物として世界を感受し、考えることができたとしたら。

むろん、この「他者」は戯曲の中の登場人物だけではない。あなたの身の回りにいる人こそその対象となるべきだろう。家庭や仕事、あなたの人生に関わる人々を深くあなたの中に存在させられたらどうだろうか。

私たちはこの堅牢な自らの牢獄を出て、もっと深く他者と繋がり、共に世界と向かい合うことができるのではないか。

俳優の、他者を内に宿すと言う行為のために、そして、観客の前に立つという状況に耐えうる強度のために蓄積されたその技術は、単にショウをみせるためだけのものではない。

自分のパーソナリティを超える最も強力な手法となるのだ。

さらに言うなれば、俳優は他者を存在させる過程において生きることを問い直す。歩くとはどういうことなのか、持つということはどういうことなのか、見るとは、聞くとは、私たちが無意識にしている行動や、感情とは何か、どのように振る舞えばどのように見えるのか、誤解はどのように生まれ、人はどのように行動するのか、演劇は数限りないシミュレーションを延々繰り返してきたといえよう。

ＡＩやＶＲなど様々な技術の発展のずっと以前から人類が積み重ねてきたこの手法は、技術を扱う前提の体力となろう。認識の強度、人間力を高めるのだ。

だから、演劇、演劇的行為、手法は、俳優の、劇空間だけのものとしてはならない。むしろ、非俳優にあってこそ、現実の生活、社会の中にあってこそ、玉の輝きを持つと私は信じている。

第3章

演劇アプローチと経営力

第1章では、演劇アプローチの理論的背景を記した。それらは、共感性と身体性、そして即興性であった。第2章では、演劇や俳優について説明したが、俳優はこれら3つの能力が高いことを感じていただけたと思う。

いよいよ本章では、共感性、身体性、即興性の3つの概念が、経営の様々な場面で、どのように活きるのかを説明する。それらの場面とは、「コミュニケーション、プレゼンテーション」、「販売、サービス、営業」、「製品・サービス開発、事業開発」、「企業理念や創業精神・パーパスの浸透」、「経営環境の変化への対応」である。ビジネスパーソン個人に注目したものから、組織全体に広がるものへ順に見ていこう。

コミュニケーション、プレゼンテーション

コミュニケーションは、ビジネスの基本と言っていいだろう。新入社員研修では、「報・連・相」、すなわち上司への報告・連絡・相談の重要性が語られる。しかし、そうした研修をしたとしても、上司と部下のコミュニケーションに問題を抱えているという話をよく聞く。上司側は「最近の若い社員は、何を考えているのかわからない」と言うし、部下側

も「上司が期待している行動がよくわからない」と言う。

こうした傾向は、コロナ禍以降、拍車がかかっていると言ってよいだろう。在宅勤務が続くと、オンラインでのコミュニケーションが中心となるので、フェイストゥフェイスで会っている場合に比べ、どうしても伝わる情報量が減少してしまう。顔の表情はわかるものの、手の反応や体の反応はわからないし、実際、映り方によっては、表情を読むことすら難しい。相手の体調も、対面の時は気づきやすいが、オンラインだとなかなかわかりにくい。私の経験だが、毎月オンラインで会議していた人が、足の手術をしていたことに気づかず、数か月後に本人から知らされたことがある。その間、「あそこに訪問してみるといいよ」とか、「こんなことしてはどうか」と、相手には実行できないアドバイスをしていたことを知って申し訳なく感じたことがあった。

もちろん、こうしたコミュニケーションの問題は、上司と部下間だけの話ではない。部署間のコミュニケーション、顧客や取引先とのコミュニケーション、株主や地域住民など、様々な利害関係者とのコミュニケーションでも同様の問題が存在する。

企業のグローバル化に伴って、外国人など、異なる文化を持つ人たちとのコミュニケーションも増えている。私は、インドネシアに駐在経験があるのだが、インドネシア企業が開発した工場用の土地を日本企業へ販売する仕事をしていたので、インドネシア人と日本人の考え方の違いの狭間で苦労することが多かった。仕事のかなりの割合は、インドネシア人に日本人の考え方を伝え、日本人にインドネシア人の考え方を伝えることだった。

最近は、ダイバーシティを促進する企業が増えているが、ダイバーシティが広がるほど、考え方の違う人とのコミュニケーションが増加するので、コミュニケーションの問題も同時に増加すると言っていいだろう。

こうしたコミュニケーションの問題を解決するために、企業は、様々な取り組みを試している。オンラインでのコミュニケーションを補完するために、オンライン雑談会を定期的に実施したり、新しいコミュニケーションツールを導入したりしている。また、外国人とのコミュニケーションを円滑にするために、言葉を学んだり、文化を学んだりもしているだろう。

しかし、コミュニケーションを円滑に行うための基本は、相手への共感である。共感性は、コミュニケーションに効く。共感力が高ければ、相手がどのように物事を見ているかを推測することができる。言い換えれば、相手の立場で考えることができるのである。自分が見ているものと、相手が見ているものは同じではない。自分には見えているが、相手には見えていないものがあるし、逆に、相手には見えていて、自分には見えていないものがある。しかし、共感力が高い人は、相手に見えているものを想像することができる。

　また、共感力の高い人は、相手の価値観を理解することにも長けている。同じものを見たとしても、その解釈は価値観によって異なる。若い人が「カッコイイ」と思っているファッションは、年配の人には「だらしない」と見えるというのは典型的な例だろう。共感力の高い人は、自分の解釈とは異なるであろう相手の解釈を想像することができる。

　共感力の低い人の典型は、コミュニケーションの問題の責任は相手にあると考える人である。「なんでわからないんだ」と、相手の理解力に原因があると決めつけている人である。また、「ふつうは、こう考えるよな」と、自分の価値観を押し付けるパターンもある。その人にとっては「ふつう」かもしれないが、他の人にとっては「ふつう」ではないことが多い。

　共感力が高い人は、相手が何を見、どんな解釈をして、どのような感情になっているのかを予測することに長けている。したがって、相手の言っていることを、その言外の意味も含めて理解することができる。また、何をどのように伝えれば、言いたいことを理解してもらえるかもわかる。

　このように、共感は、コミュニケーションを円滑に行うための基本能力である。演劇手法を用いて訓練すれば、コミュニケーション上手になれるだろう。

次にプレゼンテーションである。ビジネスシーンで、プレゼンテーションを実施する機会が増えてきた。顧客に対して、チームメンバーに対して、メディアに対して、など様々な人たち向けにプレゼンテーションを行うことが多い。ピッチコンテストといったイベントも増えている。

かつてはミドルマネジメント層以下の人たちがプレゼンテーションを行って、マネジメント層はそれを聞く立場だった。しかし、最近は、新製品のプレスリリースは、マーケティング担当役員が実施するし、ＩＲでも財務担当役員がプレゼンテーションを実施することが多い。実際に、経営者からトビラボへ、プレゼンテーションの指導を受けたいという依頼が増えている。

プレゼンテーションは、コミュニケーションの一種なので、共感が重要であることは変わらない。何をどのように話すかを計画するときには、オーディエンスへ何をどのように話せば伝わるかを考えなくてはならない。プレゼンテーションの途中であっても、オーディエンスの反応から、そのままの話し方でよいのか、少しスピードを変えたほうがいいのか、追加説明が必要なのかを判断しなければならない。したがって、オーディエンスに共感することは必須である。

次に、身体性も関係がある。緊張すると、手を組んで話をする人やつま先立ちになる人もいる。緊張が身体に影響を与えているのである。肩が前に落ちてしまうと、声も出にくい。声が出ないとますます緊張してしまう。プレゼンテーションの様子を撮影して、本人に見せると、自分のイメージしていた動きとは異なる動きをしていることに驚く。したがって、呼吸や体の動きに意識を向けてから、プレゼンテーションを始めてもらっている。緊張している時に、心をどうにかしようとしても、緊張は解けない。身体の状態を整えると、緊張が緩和されていくのである。身体が先、心は後ということである。

もう一つ、プレゼンテーションに求められる能力は、即興性である。上記のように、オーディエンスの反応から、話すスピードが速くて理解に苦しんでいることを読みとれば、スピードを落とす対応をしなければならない。追加説明が必要だと判断すれば、それをしなくてはならない。予想と異なる状況に接したとしても、適切に対応することができるのが即興能力である。

私は仕事柄、経営者をゲストに招いて、授業やセミナーなどで講演をしていただく機会が多いのだが、優れた経営者は、状況に合わせて適切な対応をする。例えば、オーディエンスの食いつきがいい部分については、当初の計画を崩して、少し時間をかけて説明したり、競合企業に勤務する人がオーディエンスの中にいることが分かった場合は、競合企業から自社がどのように見えるのかを聞きだしたり、プロジェクターの不具合などでプレゼンの画面が映るのに時間がかかっている時は、少し長めのイントロを話して時間をつないでくれたりする。いずれも、事前には想定していなかったことで、準備は何もしてないはずだが、上手に対応していた。

一方、部下の作成したプレゼンテーション資料を読むだけの講演をする方もいる。オーディエンスがどんな反応をしようとも、当初の計画通りに淡々と話していく。こういう講演は、概して面白くない。

即興能力の差は、質疑応答の時に、最もよく表れる。即興能力がない人は、あらかじめ想定した質問にしか答えられなかったり、論点を外した答えになってしまったりする。即興能力のある人は、的確に答えることができるし、答えを持ち合わせていなかった場合でも、参考になる情報を教えてくれたりする。

質疑応答での対応を見ていて感じるのは、即興能力の高い人は、たんにその場の対応を器用に行っているというのではなく、日頃から経営環境や事業について、常にウォッチしているということだろうと思う。経営環境の変化に合わせて意思決定してきているからこそ、どのような質問にも答えられるのだろう。計画だけ策定して、あとは部下任せにしているような経営スタイルの人は、質疑応答に弱い。

このように、上手なプレゼンテーションを行うには、共感性に加え、身体性と即興性が必要なのである。

販売、サービス、営業

小売やサービスの現場でも、演劇アプローチは効果がある。実際、アパレル企業やサービス業の企業から研修の依頼を受けることは多い。特に共感性と即興性を中心に、プログラムを組んでいる。

小売業やサービス業では、顧客と接点を持つ従業員が、顧客の望むことに、対応できれば、顧客満足が高まり、継続購買を続けてくれる。理想は、顧客が言う前に、望むことをくみ取ることである。優れたサービスを提供することで有名なザ・リッツカールトンホテルでは、顧客ニーズの先読みが推奨されており、例えば、顧客がホテルのエントランスを出るときに空を見上げると、雨が降ることを心配しているのだろうと察知して、「傘をお持ちになりますか」と声をかけるそうだ。こうした行動を、我々は「ホスピタリティが高い」と表現するが、高いホスピタリティを発揮するためには、共感力がなければならないだろう。顧客に共感してこそ、とるべき行動がわかる。

また、顧客へのカスタマイズが必要なサービスでは、即興力も求められる。顧客のニーズや置かれた状況は、顧客それぞれ異なる。標準化されたサービスを提供するのであれば、毎回同じプロセスを辿ればよいが、顧客ごとにカスタマイズするのであれば、その場でどう対応するかを判断しなければならない。

同じくザ・リッツカールトンホテルの事例だが、夜遅くチェックインした顧客が、翌日の仕事のために伸びきった髪を切りたいと思い、コンシェルジュにまだ開いている理髪店がないか聞いたところ、調べた結果、開いている理髪店はなかった。しかし、そのコンシェルジュは、美容師の友人に翌朝早くホテルに来てもらうように手配し、朝、客室で散髪をしてもらったそうである。もちろん、顧客はとても喜んだという。あらかじめ用意していたことではないのだが、即興力を利かせて、顧客のニーズを満たしたわけである。

営業活動でも、共感力は重要である。ただし、企業向けの営業であれば、共感すべき対象者が複数いるので、より複雑である。窓口となる購買担当者だけでなく、上司の決裁者や製品を実際に使用する人、買った製品を管理する人など、様々な人たちが関係しているので、それぞれの人たちに共感して、様々なニーズがあることを理解しておかなければならない。

また、営業活動には身体性も重要である。営業現場では、「営業パーソンは、オフィスにいないで、顧客のところへ行ってこい」とよく言われる。時代遅れな話だと感じるかもしれないが、まんざら的外れではないかもしれない。なぜなら、オフィスで営業計画を立てるよりも、顧客先へ出向いて、顧客との会話から新しい情報を得た方が、効率的な営業活動ができるかもしれない。身体が先で頭は後という身体性によって、営業効率がよくなることもある。

販売やサービス、営業に携わる人たちにとっても、共感力、身体力、即興力は強力な武器になる。

製品・サービス開発、事業開発

安定した経営環境の時代は、既存製品やサービスを漸進的に改良して、競争優位を保つことができた。特に日本企業は、生産工程の改善を重ねたコスト削減が得意だった。しかし、ＶＵＣＡの時代においては、急激な環境変化によって、既存製品・サービスが突然売れなくなるという事態が起こる。こうした状況下で、アップルやアマゾンなどの企業は、イノベーションによって、世界経済を牽引している。

そうした背景もあり、現在の経営のメインテーマは、イノベーションと言っていいだろう。経営関連のセミナーのタイトルには、「イノベーション」の文字が入っていることが多いし、ビジネス書も「イノベーション」を扱ったものが多い。例えば、内田和成編著『イノベーションの競争戦略』やハーバード・ビジネスレビューのイノベーションに関する論文を集めた『イノベーションの教科書』といったものもある。イノベーションの文字は使っていないが、「心理的安全性」や「両利きの経営」といったキーワードの書籍も増えている。心理的安全性は、イノベーションを生む組織の特性を扱っているし、両利きの経営は、既存事業で利益を確保しながら、同時にイノベーションを生むにはどうすればいいのかを考察したものである。これらもイノベーションに関する書籍と言っていいだろう。

こうした状況において、画期的な製品・サービスを生む手法として注目を浴びているのが、デザイン・シンキングである。デザイン会社IDEOの創業者ティム・ブラウンが提唱した概念で、簡単に言うと「優秀なデザイナーが問題解決をするときに暗黙的にしてきたことを、デザイナーではない人にでもできるように体系化したもの」である。アップルにはIDEO出身の人材がいるという話も聞くし、Googleでもデザインシンキングは新しいものを生み出すときに頻繁に使われているという。したがって、日本でも、多くの企

図表3-1：デザイン・シンキングのステップ

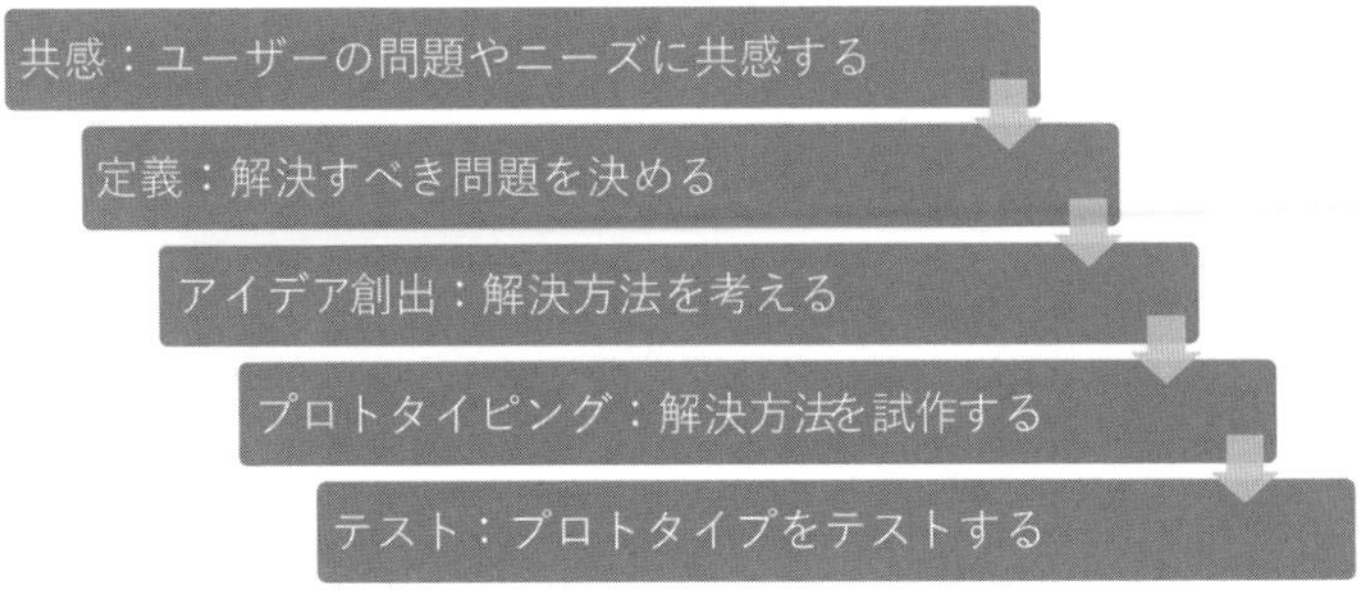
共感：ユーザーの問題やニーズに共感する
定義：解決すべき問題を決める
アイデア創出：解決方法を考える
プロトタイピング：解決方法を試作する
テスト：プロトタイプをテストする

出典：スタンフォード大学d.schoolのモデルをもとに筆者作成

業がデザイン・シンキングの研修を受けている。しかしながら、思うような成果が出ないというため息も聞こえてくる。

このデザイン・シンキングの効果を高めることができるのが、演劇アプローチである。デザイン・シンキングのプロセスを辿りながら、共感性、身体性、即興性が有効であることを見ていこう。

デザイン・シンキングの最初のステップは、「ユーザーへの共感」である。ユーザーの「理解」ではなく、「共感」という言葉が選ばれているのは、客観的な立場でユーザーを見るのではなく、ユーザーの置かれた状況に自らを置くということが意識されているからだろう。

このステップは、スタートポイントであるがゆえに重要である。ユーザーへの共感ができるかどうかで、プロジェクトの成否が決まると言ってもいい。

しかし、ビジネスパーソンにとってかなりハードルが高いステップでもある。ビジネスパーソンは、どうしても企業側の視点で物事を考える傾向がある。なかなかユーザーの視点を獲得することができないのである。それも無理からぬことではある。日常業務では、企業側の論理で思考していることが多いからである。

このステップは、俳優の役作りのメソッドが最も活きる分野と言ってもいい。第2章で述べた役作りのプロセスを使えば、ユーザーへの共感ができるようになる。例えば、ユーザーが見るだろう風景を想像したり、実際に同じ姿勢をとってみたりすることによって、ユーザーの視点を獲得することができるだろう。その際は視覚だけでなく、何が聞こえているのか、どんなにおいがしたのか、といったように五感をフル活動させるとよい。こうしたことができると、おのずとユーザーの感情と同じような感情が沸き上がってくるはずである。このような活動を通して、ユーザーのインサイトに迫ることができるのである。

共感をビジネスに活かす取り組みとして有名なのは、エーザイの事例である。エーザイでは、社員は全員、仕事に費やす時間の1%（年2日間）を患者さんと一緒に過ごすという仕組みがある。特に何かをしなければならないというわけではなく、一緒に過ごすというルールである。一緒に過ごせば、患者さんの置かれた状況や辛さなどが理解でき、患者さんの感情にも迫れる。すなわち、共感できるのである。てんかん症の患者や家族と交流した社員は、こんなコメントを残している。

『私たち研究メンバーは、発作コントロールのみに焦点を当てていたような気がします。多くの患者さんとご家族が薬による眠気・めまいが原因で生活・社会復帰に深刻に悩んでいることを肌で感じました。製品のポジショニング・主要課題としてすぐに取り組まなければならないこととして決意しました[5]』

こうした共感がなければ、発作のコントロールができるだけの薬をつくろうとしたであろう。しかし、患者さんとの共感によって、発作のコントロールを眠気やめまいが起きないようにしながら達成する薬をつくろうとするだろう。こうしたことは、他の製薬会社が気づいていないことかもしれない。

次に、デザイン・シンキングのアイデア創出のプロセスを見てみよう。アイデア創出のプロセスでは、たくさんのアイデアを生み出すことが目的なのだが、とかく我々は他者の

5　石井淳蔵（2014）『寄り添う力』

アイデアに否定的なコメントをしがちである。「実現可能なの？」「そんなニーズある？」「それじゃあ儲かんないんじゃないの？」と言って、せっかくのアイデアをつぶしてしまう。アイデアを出す会議が、いつの間にかアイデアをつぶす会議になってしまう。

ここで威力を発揮するのが、演劇の世界で言われている「Yes, and」という考え方である。舞台上では、相手役がセリフを間違えても、「そのセリフ、間違ってるよ」とは言えない。間違えたセリフを前提として、即興的に反応しなくてはならない。いわゆる「アドリブ」である。

そうした即興力が、アイデアを膨らませることに威力を発揮する。他の人がアイデアを出したら、まず受け入れ、そのアイデアから即興的に思い浮かんだことを付け加えるのである。それが連鎖すると、最初のアイデアが面白いものでなくても、最後には、かなりユニークなアイデアになる。逆に、最初のアイデアが現実離れしていたとしても、徐々に実現可能なアイデアになったりする。

Yes, andは、チームメンバーのモチベーションを高める効果もある。一般に、アイデアを出すワークショップをすると、各人がいくつかのアイデアを出して、それらの中から一番いいアイデアを選ぶというプロセスを辿ることが多い。このパターンをとると、選ばれたアイデアを出した人は喜び、その後もモチベーション高くプロジェクトを推進するのだが、選ばれなかったアイデアを出した人は、一気にモチベーションが落ちる。場合によっては、ほとんどチームに貢献しなくなる場合もある。

しかし、Yes, andで、他者のアイデアを改善するアイデアをメンバーがどんどん加えていくと、最初にアイデアを出した人が誰なのかを忘れてしまう状態になる。言い換えれば、チームメンバー全員が、「これは自分のアイデアだ」と思うわけである。そういう状態をつくれば、チームメンバーみんなのモチベーションが高まるのである。

アイデア創出では、「ボディーストーミング」という手法がある。「ブレインストーミング」は、頭の中で考えたアイデアを文字化、もしくはイラストなどで表現していくが、ボディーストーミングは、頭の中で考えたアイデアを、実際に体を動かして表現するのである。例えば、新しいサービスを考えているとすれば、サービス提供者とユーザーを演じてみる。すると、頭で考えていた時には気づかなかったことに気付く。体が先で頭が後、すなわち身体性の効果である。

このように、新製品・サービス開発や新事業開発では、共感力、身体力、即興力の3つすべてが、効果を高めるのである。

企業理念や創業精神、パーパスの浸透

昨今、「パーパス」という言葉をよく聞くようになった。企業の存在意義と訳してよいだろう。変化の激しい環境の中で、よりどころとなるのがパーパスだからである。「自社は何のために存在するのか」が問われるようになっている。パーパスを考える上で、出発点になるのが、創業精神だろう。創業者が、何のためにその事業をやり始めたのか、そこに立ち返る。

パーパスが流行する前から、企業は、企業理念や創業精神の浸透のために、様々な取り組みをしてきた。企業理念が印刷されたブックレットを全社員に配布したり、社員証の裏に印刷したり、それらを唱和する機会を設けたりする企業もある。

しかし、そのブックレットに「顧客を大切にせよ」と書いてあっても、それを読んだだけでは、創業精神は伝わらない。創業者がなぜ顧客を大切にせよと言ったのか、どんな体験から、創業者は顧客が大切だと思ったのかに共感しないと、行動にはつながらない。

そうしたこともあり、創業精神の浸透に力の入った企業では、創業者の伝記を本にして社員に配ったり、創業者が愛用していたものを本社に陳列したりしている。しかし、それ

でもなお、背景を理解するだけでは不十分である。

こうした状況に効果を発するのが、「創業者になってみる」アプローチである。俳優の役作りの手法を応用して、創業者になってみるのである。創業の地に赴いたり、創業者の執務していたところで、創業者と同じような行動を再現したりする。または、創業者の通勤経路を歩きながら、創業者が見たであろう風景を見、思考をトレースしていく。

これは決して創業者を神格化させることではない。仰ぎ見るのではなく、創業者を一人の人間としてリアリティを持たせることである。身体から創業者を理解し、共感することによって、創業者が「顧客を大切にせよ」と言った気持ちがわかってくるのである。

企業理念や創業精神を浸透させるのにも、共感力や身体力は有効なのである。

経営環境の変化への対応

企業の競争力の源泉として、ダイナミック・ケイパビリティの重要性が叫ばれている。ダイナミック・ケイパビリティとは、環境の変化に合わせて保有するリソースを組み替え、適応するように自己変革していく能力のことである。

環境変化の少ない状況では、ブランドや特許、希少資源の確保など、単一の要因が長く競争力を支えてくれていた。しかし、環境変化が激しいと、競争力の源泉だと思っていたブランドが競争力の源泉にはならなくなるということが起こる。競争力の源泉も変化するわけである。したがって、環境変化に合わせて、企業も変化していく能力が重要になるという論理である。

そうした時には、先を読む力が重要と考えるかもしれない。もちろん、シナリオ・プランニングといった手法を使って、将来の経営環境を予測できれば、変化すべき方向もつかめて、スムーズに企業変革することができるだろう。しかし、厄介なのは、なかなか先を予測するのが難しいということである。何が起こるかわからない世界に、我々はいる。

したがって、計画することに注力するよりも、まずは行動を起こして、市場の反応を見ることに注力した方がいい。いくら計画を綿密にしたとしても、市場の反応は、やってみなければわからない。まずは実験してみることの方が、結果的に、早く変化を察知できる。行動が先で、頭は後という身体力が役立つわけである。

もう一つは、即興力である。環境の変化に対応して、その場で最善と思う行動を実施する。そうした即興行動の積み重ねが、変化への適応ということになる。経営環境の変化をマインドフルに観察して変化を察知し、即興行動を積み重ねていくのである。

変化の時代に競争力の源泉となるダイナミック・ケイパビリティは、身体力と即興力が支えているのである。演劇アプローチの効果は、個人の能力を高めるだけでなく、企業の競争力の源泉にまで及ぶのである。

本章では、ビジネスの様々な場面で、演劇アプローチが活きることを説明してきた。言い換えれば、ビジネスの様々な場面で、共感性、身体性、即興性が活きるということである。つまり、個人および組織全体で、共感力、身体力、即興力を向上させれば、ビジネスもよい方向に進むということである。

では、これらの３つの能力を上げるにはどうしたらいいだろうか。俳優になってしまえばいいのだが、ビジネスパーソンに長時間の訓練をしてもらうわけにもいかないだろう。そこで、比較的短い時間で、３つの能力を向上させるため、演劇で蓄積された能力開発のための手法をビジネスパーソン向けにアレンジする必要がある。第４章、第５章では、そうした能力開発プログラムについて、説明しよう。

第4章

「ビジネスへの演劇アプローチ」の実例①
——ビジネススクール授業編

予想外の人気だった「演劇科目」

2019年に開講した、青山学院大学ビジネススクールでの授業「ビジネスへの演劇アプローチ」。この授業の開講は、演劇とビジネスの親和性に注目してきた私たちにとっての、ひとつの大きな転機となった。欧米では特異なことではないのだが、日本で「演劇」がビジネススクールのカリキュラムに組まれるのは、これが初めての試みであったからである。

当時は、企業の第一線で活躍する、ビジネスパーソンでもあるMBAの学生たちが、新規の「演劇科目」にどれほど興味・関心を抱くのか、想像もつかなかった。折しも、欧米から「デザイン思考」が紹介され始め、アート視点による課題解決の有用性が注目され始めた時期ではあったが、アートの中で「演劇」に着目する取り組みは、日本ではほとんどなされていなかったからである。

数名の受講者を予測していた私たちが、立ち見の出るほどの学生で溢れかえっている教室を見た時の驚きは、ほんとうに大きなものだった。以来、「ビジネスへの演劇アプローチ」は、毎年定員を超える履修希望者が集まる授業となっている。

オリジナルメソッド「ＰＴＭ」による視点取得

シェイクスピアは、戯曲「お気に召すまま」で、
「All the world's a stage, And all the men and women merely players:
この世界はすべてこれ一つの舞台、人間は男女を問わず、すべてこれ役者にすぎぬ」
と登場人物に言わせている。

彼が書いたように、俳優であろうとなかろうと、私たちは、常に何らかの役割を演じながらこの世界に生きていると言えるだろう。他者と社会生活を営む以上、こうあって欲しいと「他者から期待される役」や立場上「演じなければならない役」を、場に応じて演じ分けている。皆さんも、その時々の相手との関係性により、立場を変えながら、日常生活で様々な役を演じ分けているのではないだろうか。

ビジネスにおいても、これは例外ではない。例えば、社内外におけるプレゼンテーションやチームマネジメント、クライアントとの交渉など、ありとあらゆる場面で、ある時はリーダーとして、ある時は部下として、またある時はビジネスパートナーとして……、私たちには、常に状況に合った振る舞いやもの言いが求められている。

「ビジネスへの演劇アプローチ」では、PTM(Perspective Taking Method)をベースに、コミュニケーションに纏わるビジネス上の諸課題を考えている。これは、視点取得のためのメソッドで、演じる際に俳優の演技のよりどころとなる演劇メソッドをベースにしている。なぜ演技のメソッドが、視点取得のメソッドの基礎となり得るのか。それは、演じる際に、俳優が行っているプロセスが視点取得のプロセスと重なるからである。

第2章でも触れたように、私たち俳優は、自分とは全く異なる役を演じなければならない。1人の俳優が演じる役柄に共通点はなく、バリエーションは無限のようにも思われる。私の例で言えば、ある時はハリウッドで活躍する脚本家、ある時はロシアの将軍の娘、ある時はネコ、ある時は宇宙で戦う女戦士など。自らを振り返っても、国を超え、時代を超え、文化を超えて、与えられた役を演じるのは日常茶飯事である。

俳優にとって台詞を暗記することは、時に気が重い、難しい作業の一つであるが、台詞をスラスラと言えたからといって演じられるわけではない。私たちが最も神経を使うのは、「役の靴を履く」ということである。役の視点に立って——つまり、役の目で見、役の耳で聴き、役が感じていること、考えていることを——、我がことととして捉えることである。

観客の前に架空の人物=役を、実在の人間としてリアリティーを持って立ち上がらせるためには、役に共感し、真にその視点を取得するということ（パースペクティブ・テイキング）が必須ということになる。私たちはこの点に注目し、メソッドを開発してきた。授業では、「演じる、表現する」ことには注力せず、このメソッドへの理解を深め、「他人の靴を履く」ための基礎を習得していく。

コラム　パースペクティブ・テイキング（視点取得）と共感

トビラボの教育プログラムは、ＰＴＭ（パースペクティブ・テイキング・メソッド）を基盤にして作られている。このＰＴＭはトビラボの造語なのだが、その意味は、演劇の世界で蓄積された知見を活用して、他者の視点を取得する方法ということである。

では、パースペクティブ・テイキング（視点取得）とは何か？　こちらは、れっきとした社会心理学の概念で、「自分が他者の立場にいると想像する認知的行為」と定義されている。[6]「視点」という言葉が入っているので、他者の視覚のみに限定された概念のように思うが、何を聞き（聴覚）、どのような匂いがしたのか（嗅覚）といった五感すべてを駆使する。

このパースペクティブ・テイキングの能力は、人間の成長とともに向上していく。[7]３歳から５歳ぐらいまでは、自分と他人との区分が未分化であるため、自分と他人が別であることはわかっていても、自分の好きなものは他人も好きだと思っている。自分が野球を好きなら、友達も野球を好きだと考えてしまう。

６歳ぐらいになってくると、他人の行動から感情を想像できるようになる。他人が泣いていると悲しいのだろうと想像できる。ただし、涙と喜びは、彼らには結びつかないので、喜びの涙は理解できない。

その後も成長するごとに向上していくが、個人差があり、大人になっても視点取得の能力の低い人もいる。俳優は、パースペクティブ・テイキング能力が非常に高い。なぜなら、役作りはパースペクティブ・テイキングのプロセスそのものであり、そうした訓練を日々行っているからである。

実は、このパースペクティブ・テイキングは、第1章で説明した共感性の先行要因である。つまり、他者のパースペクティブ・テイキングができれば、その他者へ共感できるということである。したがって、共感力を高めるためには、まずパースペクティブ・テイキングの力を高める必要があるため、トビラボではPTMをプログラム開発の基盤にしているのである。

第1章では、多くの概念を一度に説明すると混乱が生じるため、共感性、身体性、即興性の3つの概念に絞って解説した。ここで、パースペクティブ・テイキング概念と共感性との関係を追加説明しておく。

6 Hoffman, M.L. (1984) Interaction of affect and cognition in empathy. In CE Izard, J. Kagan & R.B. Zajonc(Eds), emotions, cognition, and behavior. Cambridge University Press.

7 安藤有美・新堂研一(2013)『非行少年における視点取得能力向上プログラムの介入効果─視点取得と自己表現スタイルの選好との関連─』教育心理学研究61巻2号、181－192。

視点取得――「他人の靴を履く」ということ

「他人の靴を履く」ためには、まず、自分自身の靴をよく観察し、理解する必要がある。そしてその「自分の靴」が、いま履こうとしている「他人の靴」とどのように違うのかを知ったうえで、強い意思を持って履き替える必要がある。

「履き替えたつもりが自分の靴のままだった」という失敗を経験する受講者は多い。履き慣れた自分の靴は、既に自分の足の一部であるかのように履き心地がいいからだ。一方で、あまりにもその「他人の靴」が自分の足にフィットしてしまい、数ヶ月だってもまだ脱げません、と語る学生もいる。これは、他者が自らに宿っている、内在化している状態と言えるだろう。

自他の靴を自由に履き替えて視点を移動させることができるようになることは、私たちのプログラムが目指す大きなゴールの一つである。他者を内在化できれば、その他者の眼でも物ごとを捉えることができるようになる。顧客視点、従業員視点、株主視点などなど、ビジネスを考えるうえで、これは有益だ。

受講者に「演じる」ことは求めない

序章でも触れたように、欧米のMBAで開講されている演劇科目では、受講者が実際にシェイクスピアの戯曲などを演じ、ビジネスに必要なスキルについての気づきを得る授業スタイルが多い。「マクベス」や「リア王」、「リチャード三世」を演じることで、リーダーシップを学んだりする。

しかし、私たちの授業では、あえてこの授業形態を採用していない。日本のビジネスパーソンが、演じることに高い心理的ハードルを感じるだろうことは、容易に想像されるためである。それはなぜかといえば、彼、彼女らが演劇に感じる「距離感」が、欧米のそれとは大きく異なっているからである。

第2章でも述べたように、授業を始める前、受講するビジネスパーソンに対して、私たちは、演劇経験を尋ねることにしている。結果は、ほぼ毎年変わらない。演じた経験はもとより、劇場での観劇経験もほとんどないという受講者が、大多数を占めることになる。初等教育から、国語や社会など、他科目を学ぶためのツールとして、演劇が授業に取り入れられている欧米とは異なり、日本では、演劇は学校教育ではほとんどお目にかからない、遠い存在と化している。教科書の改善・充実に関する調査研究報告書（国語）―平成18・19年度文部科学省委嘱事業「教科書の改善・充実に関する研究事業」―（https://www.mext.go.jp/a_menu/shotou/kyoukasho/seido/08073004/002/007.htm）では、国語の教科書に演劇教材を復活させる意義と提案が書かれ、ここ数年再び国語の教科書に戯曲が載るようになってきている。だが、授業や研修で戯曲をテキストとして用い、「演じることで学ぶ場」を整えるまでには、教育と演劇の乖離をなくし、演劇のツール化、社会化を進める必要がありそうだ。

具体的な授業内容

授業は、全体を大きく3つのパートに分けて行なっている。

序盤では、俳優の演技術をベースに、普段見過ごされがちな「身体」を有効に使い、頭ではなく、身体で思考する経験をシラバスに組み込んでいる。緊張に縛られず、固定観念に囚われない、柔軟で即興性の高いパフォーマンスを目指し、俳優トレーニングにも用いられる手法を、ビジネスのコンテキストに合わせて体験していく。

講義と、実習＝体験をセットにすることで、頭での理解と身体での理解を並行させ、受講者の納得度を高めることを重視している。ここでは、身体を動かすことで、普段どれほどの緊張が自分の身体にかかっているのかを、まず自覚する。通常の教室から舞台のあるホールに移動し、緊張のない姿勢、呼吸、発声法などの、身体のベース作りを舞台上で行う。そのあと、ボールや棒、ヒモなどいくつかの小道具を用いながら、身体を使った発想法＝ボディーストーミングを体験していく。

演劇のリハーサルでは、身体を使って感じ・考えることが、課題の解決に繋がる、ということがよく起こる。脳内でのシミュレーションに限界を感じたら、ひとまず動いてみることが、想定や創作意識を遥かに超えた予想外の気づきをもたらすことを、俳優は経験から知っている。

例えば、「泣く」というト書き（役への指示）を考えてみよう。このト書きがあまりにも唐突で、なぜこの役（＝自分）がここで泣くのか、その理由をいくら考えてもわからない場合、とにかく「泣いてみる」のだ。すると、その「泣くという行為」が、自分の感情を様々に刺激し、その刺激によって新しい考えや感情が引き起こされる。そこに、役柄理解の糸口を発見することが往々にしてある、ということなのだ。

これは、俳優だけの解決法ではないと私は考えている。私たちは、ともすると椅子に座って頭で考えることがすべてだと思いがちだ。しかし、自分の身体を動かして、五感を通して感じ考えてみると、予想以上の気づきがあることに驚くだろう。ロイヤルアカデミーで学んだことに、身体と感情の緊密性と言うものがあった。身体の角度や動きのスピードの単純な変化によって、自分の考えや感情がプラスやマイナスに動かされると言うことだ。マインドは、私たちが考える以上に身体の影響を受けているのである。

このように、頭だけでなく、同時に身体を動かして発想する、想像力と創造力のベースづくりを授業前半では行っている。

授業の中盤では、「他者の靴を履く」ことを試みる。「他者の靴に履きかえる」「他者の視点を獲得する」ベースには「その人物への共感」がある。第1章でも述べたように、ハーバード・ビジネス・レビューでも頻繁に取り上げられる「共感」は、ビジネス界において注目される重要なキーワードの一つである。まず、靴を履きかえるためのメソッド、PTMを解説しながら、他者に共感し、他者の視点に立つための基礎を習得してもらう。その後、自他の視点を移動しながら、課題の解決策をシミュレーションするケーススタディに取り組んでもらう。

終盤では、それまで学んだ「身体」と「他者視点の取得」を基礎として、プレゼンテーションにおける有効な言語・非言語コミュニケーションとは何かを分析し、実習する。聴き手を動かすプレゼンテーションのために、スケッチを行ったり、関連映像を視聴したり、身体を動かすワークを体験したりしながら、これまで、自身が確立してきたスタイルとは全く異なる方法で、最終プレゼンテーションのための準備を進めていく。

最終アウトプット後には、身体と思考の関係、視点転換による気づきを全体で共有し、伝わるプレゼンテーションとは何かをさらに掘り下げていく。

「カルチャーショック」を経験できる十分な熟成期間を確保

ビジネススクールでの授業と企業研修との大きな違いは、「熟成時間の有無」にあると考えている。授業は、1回90分、約4ヶ月間をかけて全15回という時間軸で進めることができるため、受講者には考えを深め、理解したことを定着させる猶予が与えられている。

演劇のアプローチを用いるこの授業では、今まで見ていた事象を「異なった眼鏡」を通して見ることになるため、受講者は少なからず「カルチャーショック」を経験することになる。学んだことを腹落ちさせ、自身が抱える課題の解決にこの手法を使えるようになるまでには、ある程度の「熟成時間」が必要だ。授業では、その時間を確保しながら、毎回受講者の様子を観察、確認して、進行している。

ダイバーシティが声高に叫ばれているいま、欧米ではビジネスリーダーの養成に演劇が大きな役割を果たしている。この授業は「基礎科目」として配置されているのだが、演劇的なアプローチで、ビジネス上のコミュニケーションにおける課題を紐解く方法を、ぜひ多くのビジネスパーソンに理解し活用してもらいたいと願っている。

映画視聴による「他者の靴を履く」経験

あるドキュメンタリー映画を教材として使用することがある。その詳細は皆さんに直接見ていただきたいのでここでは省くのだが、以下のような状況を考えてもらいたい。

主人公は、特権的な存在である。その特権は、かつて社会が正義としたことに彼らが応え、実行したことで与えられたものだ。彼らは決して裁かれない。責めるものは誰もいない。注がれるのは称賛と追従の笑顔と畏怖の眼差しである。彼らは英雄であり、若かりし頃に犯した行為を一片の曇りもなく正義であったと信じている。そして満ち足りた幸福な老後を送っている。こうした超越的なステイタスを持つ存在は、どうすれば、自らの行為と真に向き合えるのだろうか。

　このドキュメンタリーでは、「偉業」を後世に伝えるため、彼ら自身が俳優として過去の行為を演じ、再現する過程を描く。演じることで過去を生き直し、過去と対峙する姿を映している。

　「演じる」という行為は、他者の靴を履く行為だと書いた。このドキュメンタリーは、その明かな証左の一つと言えるのではないか。ただ注意したいのは、ここでいう「演じる」という意味と、いわゆる「従来型のロールプレイ」の意味するところは、区別をして考えたいということだ。では、その違いはどこにあるのだろうか。

従来のロールプレイとの違い

　ロールプレイを「ある人が置かれている状況にもしも自分がいたらどうするだろうか、と考えること」と意味付けすると、「演じること」は「ある人が置かれている状況で、その人として感じ、考えること」と意味付けできるだろう。この二つの違いは、従来型のロールプレイ＝視点取得なし、演じる＝視点取得あり、と説明することもできるだろう。

図表4-1：従来のロールプレイとの違い

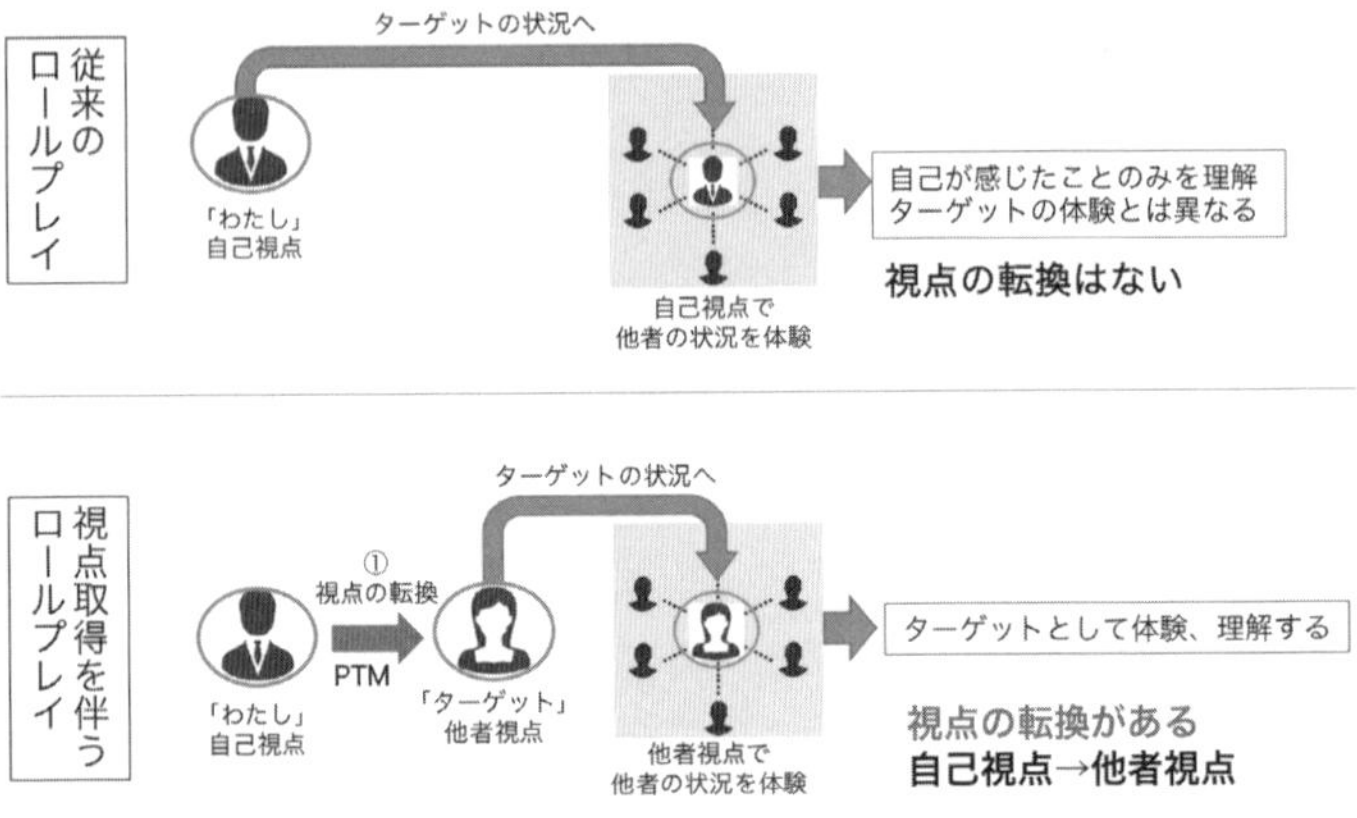

出典：筆者作成

ロールプレイを辞書で引くと、

「ロール・プレーイング（ロールは役割の意）ある場面を設定し、定められた役割を演じること」（広辞苑　第7版　岩波書店）「実際的な場面を想定して参加者それぞれに役割を演じさせ、問題点やその解決法を考えさせる学習法」（大辞林　第三版　三省堂）との説明がある。この説明の通り、「役割」を演じるのが従来のロールプレイであり、そこに「人間」は存在しない。

　つまり、あなたが「リーダー」の役割をロールプレイで演じる場合、そこで体験できるのは、あなたがリーダーになった時、あなたがどう行動すべきかのシミュレーションである。

では、視点取得を伴うロールプレイの場合はどうだろうか。あなたが鈴木さんというリーダーのもとで働いているとしよう。このロールプレイの場合は、鈴木さんの視点に立ち、鈴木さんに共感することが必要となる。リーダーとして様々な課題に直面する鈴木さんのこれまでの経験や価値観を考え、鈴木さんがどのように物事を捉え、感じているかをイメージしなくてはならない。

これが俳優が役を演じるプロセスと重なるのだが、そのためには鈴木さんを批評的に見るのではなく、興味を持って鈴木さんに接し、鈴木さんはどんな時にどんなリアクションをする人なのか、その言動はどのような考えや想いに裏打ちされているのか、そのプロセスを考えることが必要になってくる。

視点取得を伴うロールプレイの場合は、リーダーの「役割」ではなく、リーダーの「鈴木さん」を演じる＝生きることを目指す。鈴木さんのインサイトを探ることは必要不可欠だ。故に、この場合、自分の視点を離れ、他者の視点に移動する必要があるのである。前述した「他人の靴を履いてみる　ベーシック版」では、ここに挑戦してもらう。どうしても自分の視点から離れられず、難しいなあと唸る受講者は少なくない。

一方で、従来型のロールプレイは、マナー研修や営業研修など、座学で学んだことを試してみるような場では非常に有効だろう。取引先で商談を行う場合の、事前の電話対応、当日の席次や名刺交換などは、事前に実際の流れを練習する必要がある。訪問側になったり、迎える側になったりしながら、ミスのないよう準備をする必要があるからだ。

このように、従来型のロールプレイと視点取得を伴うロールプレイでは、その用途が異なっている。

この二つの違いは、従来型のロールプレイ＝靴は履き替えない、演じること＝靴を履き替える、と説明することもできるだろう。「彼」「彼女」という言葉を使って三人称で考えていては、その人の靴に履き替えることはできないが、その人としてその場で呼吸してみれば、その人は「私」になる。その人を生きることになる。

つまりこれは、スタニスラフスキー（後述）が言った「役を生きる」ことと一致する。前述したドキュメンタリー映画の中の主人公は、演じることで意図せず「他者を生きる」こととなった。他者の視点から、まざまざと自らの行為を振り返り、身悶えした。誰ひとり、彼を責めるものはいないのにもかかわらず。自分の視点のみで、平面的に捉えていた一つの出来事を、多面的、立体的に捉えて、ようやく彼は、その出来事に対する正当なリアリティーを得たのである。これは視点取得を伴うロールプレイの一つの到達点と言えるだろう。

受講者の声

ビジネススクールでは、このドキュメンタリーの視聴後に、「社会やビジネスの課題に対して、演劇或いは演劇的体験・手法は、どのような可能性を持ちうるのか」というテーマについて論じることを期末課題として課している。一連の講義、演習、実習を重ねた受講者の、演劇手法や他者視点の取得に関する考察の一部を紹介したい。

【受講者A】

演劇あるいは演劇的体験・手法の可能性として2つ挙げられる。1つは、疑似体験を通じて、自分とは異なるフィルターやレンズから物事を見ることで、他者の視点の取得が可能となることが挙げられる。これは容易なことではないが、このドキュメンタリー映画では、主人公が他者を演ずることで、その視点を獲得していった。そして自らの行為と向き合い、苦悩した。

ラスト30分は衝撃であった。主人公は、繰り返し演じ、その映像を視聴して過去を振り返ることで、他者の視点を獲得できたわけだが、序盤の彼が演じて見せたような、一度や二度の軽い気持ちの取り組みでは、その領域には辿り着かなかったであろう。また、そこには覚悟がいることがよく理解できた。

演じて、それを記録し、観察し客観化し共有する。そしてそれをまた検証し修正し、行動する（演ずる）ことが極めて重要であろう。そうすることで、はじめて他者の視点取得が可能となる。

加えて、やってみること＝アウトプットの重要性が挙げられる。デザイン・シンキングでもプロトタイプ作成は重要なステップだ。これはビジネスでいえば、戦略計画学派と創発戦略の相違と指摘できる。入念な事前の計画か、それとも、まずはアウトプットをしてアジャイル思考で修正しより良くしていくか。この外部環境の激しい時代では、事前の計画と実行段階では想定と異なることも多い。

ジェノサイドは良くないといくら啓蒙しても、それはどこまでいっても他人ゴトであり、自分ゴトにはならない。なぜなら、自分自身が体験していないからであり、興味を抱けないのである。

以上のように、他人の靴を履き続けることにより他者理解ができ得るのだが、それは自己理解にも繋がるのではないだろうか。これらは、人を動かす原動力／源泉であり、個人であれば自己成長や自己実現、組織であれば組織マネジメント、ビジネスであれば既存サービスの深化や新規ビジネスの創出に繋がるといったように可能性を広げることができる。ただし、自分ゴト化しなければ、真の社会やビジネスの課題解決はできないだろう。演劇は、そのようなことを理解する一助となり得る。

【受講者Ｂ】

私たちは、演劇的手法・体験を用いることで、直接体験していない、やり直しの効かない、試験的に同じことが決してできない、実験ができない多くの事象を、五感を通して、様々な視点を持って追体験することができるのである。それは、つまり自分の視点や視座を置き換えることで、見えてくる景色や様子が大いに変化するということを意味する。これを慎重に繰り返すことで、パースペクティブ・テイキングの能力の発達を促し、歴史上の失敗や愚かな行為、そしてビジネスにおける不要なトラブルをある程度、回避することができるのではないかと考える。

特にビジネスにおいて失敗やすれ違いの多くは、己の行為と向き合うことを回避したことで起きるハレーションであり、己の正当化から起因するものであると考える。視座・視点を変えることにより、ビジネスにおける人間関係やトラブルの多くを解決する糸口や課題のあぶり出しがスムーズに可能になると考える。このプロセスを意識的に行う習慣（無意識の意識化）を定期的に取り入れ、他者視点を取得することでビジネスシーンや日常の人間関係に多いに役立てられる可能性があると考察する。

補章

ビジネスパーソンに知ってほしい演劇のコトバ

スタニスラフスキーからビジネスへ

トビラボのすべてのプログラムに共通するものがある。それが、前述したオリジナルメソッドＰＴＭである。この手法は、スタニスラフスキー・システム等の影響を大きく受けている。

十九世紀末にロシア・モスクワ芸術座で活躍したスタニスラフスキーは、西欧で俳優のトレーニングシステムを初めて体系化した人物である。彼は心理学分野などにおける研究成果を取り入れ、「現代人の心と生活を舞台上で具象化する俳優という生きた人間の創造＝演技のメカニズムの究明」（岩田　２００８、５７０頁）※コンスタンチン・スタニスラフスキー著「俳優の仕事　第一部」訳者あとがきから引用）を行った。

人間とは何かを追究し、舞台上にリアリティーのある「人間」を登場させることを目指すスタニスラフスキー・システムは、後の演劇人に大きな影響を与えることになる。英米の舞台や映画の俳優であれば、トレーニング期間中に必ずこの訓練法を学ぶことになるだろう。ロイヤルアカデミーで学んだこの手法は、演技をするうえでも、授業や研修プログラムをデザインする上でも、私のよりどころとなっている。

ビジネススクールでの学びの過程で、自分の演劇人としての経験が、ビジネスのある分野において非常に有用だと気づき、ビジネスパーソンの教育プログラムに演劇を取り入れたいと考えた。ビジネスと演劇の親和性を感じてはいたが、実際に俳優術を、ビジネスの文脈に合うように解釈し直したのは、ＭＢＡ取得後に受けた、大手食品会社からの研修プログラム作成の依頼がきっかけだった。

それは創業者の想いをいかに継承するか、というものだったが、そのプログラム作成のための長期に渡るリサーチ期間中に、多くの気づきを得ることができ、ここから、トビラボ創業のプログラム「他人の靴を履いてみる研修」の基礎ができあがった。

私たちが、ＰＴＭにとり入れている演劇用語には、様々なものがある。

その中には、私たちが生活やビジネスにおいて使っている馴染み深い用語もあるのだが、概念が異なる場合もあるので注意が必要だ。それらの一部をご紹介しよう。

タスク

タスクという言葉は、ビジネスシーンにおいて、どのように使われているだろうか。おそらく、ToDoリストを埋めるような「やらなければならないこと」や、業務の手順といった意味合いで使われることが多いだろう。

ロシア語でザダーチャ（задача）というこの概念は、「目的」や「課題」、「タスク」や、「オブジェクティブ」などといった様々な翻訳で伝えられることとなった。本書では「タスク」としてお伝えする。

俳優は、台本を得て役を読み解いてゆくときに、この人物はなぜこのようなことを言い、このような行動をとったのかと、その言動の理由を考える。一見、何気ない言動に見えても、すべての言動には必ず「目的」があると私たちは考える。そうした「目的」を、私たちはタスクと呼ぶ。

例えば、こんな例はどうだろうか。

午後のスーパーにて、叫ぶような声で若い母親が、

「ほら！ いい加減にしなさい！ もう知らないからね！ 勝手にしなさい！ あんたなんかね、さらわれちゃったって知らないよ！」

通路に座り込む子供をおいて歩いてゆく母親

子供の泣き叫ぶ声がひときわ高まる

あなたがそうした場面に出会ったら、どんなことを考えるだろうか。怖いお母さんだな、とか、子供が可哀想、とか、お母さん疲れているのかな、など、感じるところは様々だろう。

では、彼女の言動にはどのようなタスク（目的）があるのだろう。これを考える際に注意すべきポイントがある。それは、タスクは「その人がしたいこと、しなければならないこと」ではない、と考えることである。つまり、どうしたいのか、ではなく、誰に、どうしてもらいたいのかということを考える、ということだ。一見、この若い母親は、感情が爆発して子供に当たり散らしているように見えるかもしれない。では、彼女はそうした言動をしたいのだろうか？

先の設問について、誰に、どうしてもらいたいのかと考えると、彼女のタスクが現れる。それは、例えば「子供にお菓子を諦めて、ついてきてもらいたい」かもしれないし、「周りの客に、自分がどんなに苦労しているのかを知ってもらいたい」かもしれない。とすると、彼女の言動は「助けを求める叫び」なのかもしれない。

私たちは、ともすれば表層的な言動から他者を評価し、理解しようとする。しかし、その人物のもっと深い部分に手を伸ばし見つめれば、その人物の言動が何に突き動かされているのかということが見えてくるはずである。その理解に、このタスクという概念は強力に機能する。

ビジネスシーンの様々においても同様である。交渉や、ＯＪＴ、人材マネジメントなど、他者理解が必要な時にこそ、タスクの概念はその力を発揮するのである。

ステイタス

「ステイタス」という言葉から、皆さんは何を連想するだろうか。

例えば、名刺の端に書いてあるような「肩書き」を連想する方もいるだろう。または、ゲームなどで使われている「キャラクターの能力や状態」を想起する方もいるかもしれない。だが、演劇における「ステイタス」の概念は、私たちが日常の中で使うそれとは、若干意味合いが異なっている。

役を演じるためには、様々な種類のステイタスを考える必要がある。その中から私たちは受講者に対し、次の4つを伝えている。

「社会的ステイタス」
「心理的ステイタス」
「場所のステイタス」
「物のステイタス」

この中の「社会的ステイタス」と「心理的ステイタス」は、セットのように扱われている。なぜならこれらは「人」のステイタスであるからだ。では両者は、どのように異なるのだろうか。

①社会的ステイタス

「社会的ステイタス」とは、言ってみれば「肩書き」に代表される。つまり、職業や、役割が持っているステイタスだ。だから、特段の解説は必要ないだろう。しかし、あえて補足するのであれば、このステイタスは、ある種社会との契約の結果、与えられるものである、ということだ。会社の役職も、家庭内の役割も、あらゆる社会的ステイタスは、他者による承認が必要になる。

例えば、「私は王様だ」とどんなに叫んでも、誰も認めるものがいなければ、彼は単なる狂人として扱われるだろう。また、たとえ血の繋がった父親だとしても、家族からそのように扱われなければ、実質的には父親ではいられまい。

つまり、社会的ステイタスとは、取得するにも放棄するにも、「他者の承認」が必要となるものである。自らだけでは思うようにはならない、言ってみれば「固定的、硬質なステイタス」といえるだろう。

さらに興味深いのは私たち自身もまた、(それがたとえ無自覚であっても)他者に対してなんらかの社会的ステイタスを付与している、つまり相互付与の形をとっている、ということである。

②心理的ステイタス

対して「心理的ステイタス」は、二人以上の人間が集まると生じるとされ、前述の「社会的ステイタス」と必ずしも比例しないという点が特徴である。

例えば「物腰の低い上司」や「生意気な新人」などと言った表現がある。これは、社会的ステイタスと心理的ステイタスの不一致を示す身近な言い回しだろう。「上司」「新人」という社会的ステイタスは、自分で変えることは難しい。しかし「物腰の低い」あるいは

「生意気」な態度をすることで、自らの心理的ステイタスを選択していると言える。

つまり、心理的ステイタスは、選択できるステイタスであるのだ。

また、一つの会話の中でも変化しうる、流動的な性質も持っている。例えば、次のような会話があるとしよう。

連休明けのオフィス、朝

先輩　いやあ、この連休、草津に行ったよ。あれは日本一の温泉だね。最高だった！
後輩　わあ！　いいですねぇ。温泉かぁ。じゃ、しっかり充電できましたね？
先輩　まあね。俺たちみたいな仕事はさ、意外とみんな忘れがちだけど、オフが重要なわけよ。しっかり休んでしっかり働く。休むことをケチっちゃダメだよ。ところでさ、君はちゃんと、オフ、できたかい？
後輩　いやぁ、先輩みたいにしっかり休むというわけにはいきませんでした。実家の別荘がハワイでして、もう、朝から晩までみっちりと。家族サービスです。
先輩　ハワイ？　ハワイってあのハワイ？
後輩　そうなんです。もう、行って帰ってくるだけでもヘトヘトですよ。大きい声では言えないんですけど、ちょっと時差ぼけで。すみません、あ、これチョコレートです。つまらないものですみません。

先輩　え？　いや、ありがとう。……あの、さぁ？　君の家ってお金持ちなの？

後輩　いえいえ親は普通のサラリーマンですよ。

先輩　いや、普通のサラリーマンはさ、ハワイに別荘なんか持てませんよ。何やってた人？

後輩　あぁ、まあ。最後は役員でしたけれど、○○商事の。

先輩　って！　それうちの親会社じゃん！

後輩　あ、そう言われれば、そうですね。

先輩　ちょ、お前！　何言ってんだよ。わぁ！　何だよ、そういうことはもっと早く言ってくれよ。付き合い方変わっちゃうじゃん。

後輩　いや、先輩！　そんなのよしてください。自分、親とか関係ないんで。俺は先輩を尊敬しているんです。

このシーンの中で、先輩と後輩の社会的ステイタスは変化していない。しかし、連休明けのわずかな会話の中だけでも、心理的ステイタスは二転三転しているのがわかるのではないだろうか。また、注意深く見れば、主に先輩が変化していて、後輩の心理的ステイタスは特段動いていないことが分かるだろう。このステイタスは相対的に変化するため、どちらかが動くだけでもステイタスの高低が逆転するのだ。

心理的ステイタスには、その人の好む高さがある。先の会話では、二人のサラリーマンは、それぞれの社会的ステイタスに応じた心理的ステイタスを取ろうとしている。しかし元来、先輩は高いステイタスを好むようで、それが変化することに慌てているように見える。また、後輩は、先輩の心理的ステイタスを乱高下させていることには気づかず、あくまで心理的ステイタスを低くとっているつもりである。いずれ、昇進などでこの二人の社会的ステイタスに変化が生まれた時、この二人はどのような心理的ステイタスを取るだろうか、などと想像すると面白いのではないだろうか。

ビジネスの文脈で考えるならば、商談の相手が複数であった場合、単に社会的ステイタス（肩書き）だけを見て意思決定者が誰かと見定めるのではなく、彼らの心理的ステイタスにも注目する必要があるということである。

なぜならば、社会的ステイタスが、その人に付加された機能的ステイタスであることに対し、心理的ステイタスは、ある意味、本質的なステイタスであるからだ。ちなみに、海外からの印象として、日本人は低い心理的ステイタスを好むというイメージがある、ということも付け加えたい。これは文化的にそうした振る舞いが求められるということろが多分にあるためと想像できるが、海外、特に欧米人には不必要に謙遜しているようにみえ、不可思議に映るという意見もある。

③場所のステイタス

場所のステイタスは、文字通り、場所あるいは「場」が持つステイタスである。

あなたはふと、初めて高級レストランに行った時のことを思い出す。それは、きっと誰か「えらい人」に連れて行ってもらったのだ。そこではメニューに値段は書いていなかったし、メニューを見たところで、それがどんな料理なのかも見当がつかなかっただろう。店の従業員は大変慇懃で微笑みは絶やさないものの、馬鹿な質問だと笑われてしまいそうで、質問するのは躊躇われた。

「えらい人」は「何でも好きなものを頼みなさい。」と言ってくれたが、もうなんだか恐ろしくて、結局、彼が選んだものを頼むことにした。店内の拵えも高級だっただろうが、薄暗かったし、食べたものも初めてのものだったし、それに食べ方に苦労したせいで、味もよくわからなかった。せっかく連れて行ってもらったのに、緊張でくたびれ、多分もう二度と行くことはないだろうな、が正直な感想だった。

年月が流れ、あなたは「えらい人」になった。その高級レストランはいつの間にか馴染みとなり、誰かを招待する時には気軽に選ぶ店となった。
あなたはふと思い出す。あの頃は緊張で二度と来るまいと思ったのに。不思議だな。こんな家庭的な居心地の良い店もなかろうに。そしてあなたは目の前の緊張の面持ちの新人に努めてやさしく言う。「何でも好きなものを頼みなさい」

さて、このストーリーでどのようなことが起きただろう。あなたのこの店に対して抱いていた「場所のステイタス」が、時間の経過の中で変わったことが分かるだろう。
通常、場所のステイタスが自分に対して過分に高い場合、人はその場に呑まれる。緊張して、五感の感受性が低下し、思考や身体の能力を十全に発揮することが難しくなる。では、場所のステイタスが高くない場合はどうだろうか。そこではゆったりとリラックスができ、その空間は居心地の良い場所となるかもしれない。あるいは、そこはあなたにとって重要な場ではないため価値を感じられず、ぞんざいに扱える場所、となるかもしれない。

では、これをビジネスの文脈に当てはめると、どうだろうか。例えば社内面談。あなたは、社員から忌憚のない意見を吸い上げたいとする。どのような空間が適しているだろうか。面談室はどのようにアレンジすべきだろうか。あるいは他社に訪問してプレゼンテーションする場合はどうだろう。全くのアウェイに心細く挑むのか、あるいはその場所のステイタスをあえて下げ、まるで自分の部屋のように、ゆったりと臨むのか。これは単なる「思い込み」の話ではない。そうするためにどのような戦略や準備が必要かということを考えられるようになる、ということなのだ。

このように、場所のステイタスの概念を活かすことで、ビジネスのパフォーマンスは大きく変わるだろう。「場所のステイタス」の概念は、交渉やプレゼン、面談やトレーニングといった、場の力が大きく作用するシーンにおいて強力に働く。

④物のステイタス

物のステイタスは、文字通り、「物」が持つステイタスである。

そのぬいぐるみがやってきたのは1歳の誕生日。以来、寝る時も、お出かけもいつも一緒。怒られた時には涙で濡らし、おるすばんの心強い相棒だった、くまのぬいぐるみ。あなたにとって、このぬいぐるみはかけがえのないものだった。だが、小学校に入学すると、新しい友だちとの約束や学校の勉強で忙しい毎日が始まった。そして、いつしかそのぬいぐるみは、玩具箱の奥にしまわれたまま、忘れ去られた。中学生になったある日、掃除をしていた母親がそのぬいぐるみに気づき、あなたに聞く。「あら、懐かしいわねえ、このぬいぐるみ、覚えてる？」あなたはちょっと驚いて。「わあ、懐かしい、まだそんなのあったの？　でも、なんだか汚い……」「でもこれ、あなたのお気に入りでしょう。どうする？」あなたは素っ気なく言う。「うん、……じゃ、捨てといて」

高価か、安価かは関係ない。

かつて、そのぬいぐるみは、あなたのかけがえのないパートナーだった。演劇では、このように、その人にとって大切なもののことを「物のステイタスが高い」と言う。しかし、年月が過ぎ、あなたにとってこのぬいぐるみはそれほど重要ではなくなった。ほとんど忘れていた、といってもいい。このような状態を「物のステイタスが低い」と言う。

「物のステイタス」とは、その人と物との関係を表すワードである。物のステイタスを考えることで、その人物の価値観が見えてくる。相手の価値観を知ることは「靴を履く」ための最初のステップである。その人が、どのように物を扱っているか、物にどのようなステイタスを与えているのかを観察することは、実はとても重要なポイントなのである。

第5章

「ビジネスへの演劇アプローチ」の実例②

——企業研修編

他人の靴を履いてみる研修（ベーシック）

視点取得というテーマを持つ「他人の靴を履いてみる」研修（ベーシック）は、共感力向上やチームビルディング、部下指導、デザイン思考、ダイバーシティなどなど、守備範囲が広いため、様々な業界の、様々な職種の方々に関心を持っていただくチャンスを得ることになった。

企業によっても、部署によっても、抱えている課題は様々である。担当の方々と話し合いを重ねて、課題解決策のステップとなるようなプログラムにカスタマイズし、研修プログラムを実施している。

本研修は、一日または半日×2日間で実施している。授業のような長期の「熟成時間」を取ることはできないが、受講者の課題に合わせて、ポイントを絞る、インテンシブなプログラムとなっている。私たちのプログラムは、セミオーダー制をとっており、実施企業の担当者から要望や受講者の課題を聞きとり、その都度、ワークの入れ替えや難易度の調整を行なっている。

また、本研修では、他者の靴を履く難しさに気づいてもらうことをテーマに進行する。

「『他者の視点に立って考える』ことは、そんなに難しいことなのか」という質問を受けることがある。確かに、私たちは幼い頃から「相手の立場に立って〜」と周りの大人から言われ続けてきた。しかし、これがいうほど簡単ではないということに気づいてもらうのが、「他人の靴を履いてみる」ベーシック版である。

前述のような質問に、私たちはこう答えている。

「相手の視点に立てるということは、その人のことをよく理解しているということですよね？　その人のものの見方でものを見て、その人と同じ解釈ができるということですね。でもひとりの人間を理解することは、簡単なのでしょうか。では、あなたは、あなたの家族のことをどれだけ理解していますか？　生まれた時からずっと付き合っている家族についてもよく分からないのではないでしょうか。あるいは、あなた自身のことはどうでしょう。ほんの数年、あるいは十数年の限られた時間でしか付き合っていない他者を、どうして理解できるのでしょうか。」

この問いを受けて受講者は自他の隔たりに気づき、そこにどれほどの距離があるのかと考え始める。本研修は、このように自分と他者の区別をつけ、自分のように他者は考えていないことを理解する構成になっている。

「靴を履く準備」の講義と演習を経て、メインワークでは、他者の視点に立って考えることにトライする。そこで、いかに自分が自分視点から抜け出せないかに気づく受講者が多い。「私だったらさあ」「普通だったらさ」「常識的に言って……」と発言をする受講者は、自分の靴を他者の靴と思い、履き替えられていない可能性が非常に高い。

このプログラムでは、自分のバイアスがいかに強固で、そこから抜け出すのがいかに難しいかを体験してもらい、「失敗から気づき・学ぶ」経験を通して、自分の靴を脱ぐことが容易ではないことを受講者は実感するのである。

大手飲料メーカーのマーケティング部調査担当者を対象に行った同研修では、「実際に、ワークを通じて体験することで、自分のできているところ、できていないところを実感も持って理解することができた」「今日からできる『具体的な』訓練方法も教えてもらった」「自分についても理解を深めることができた。他者についてはなおさら、無意識のうちに持っている思いこみを意識的に取り除かないと理解できないと実感した」「調査（お客様理解）だけでなく、社内外の対人関係において大切なことも多く学ぶことができた」との感想が寄せられた。

これまで他人の靴を履いてみる研修（ベーシック）を受講した人たちのその他の感想を挙げてみよう。

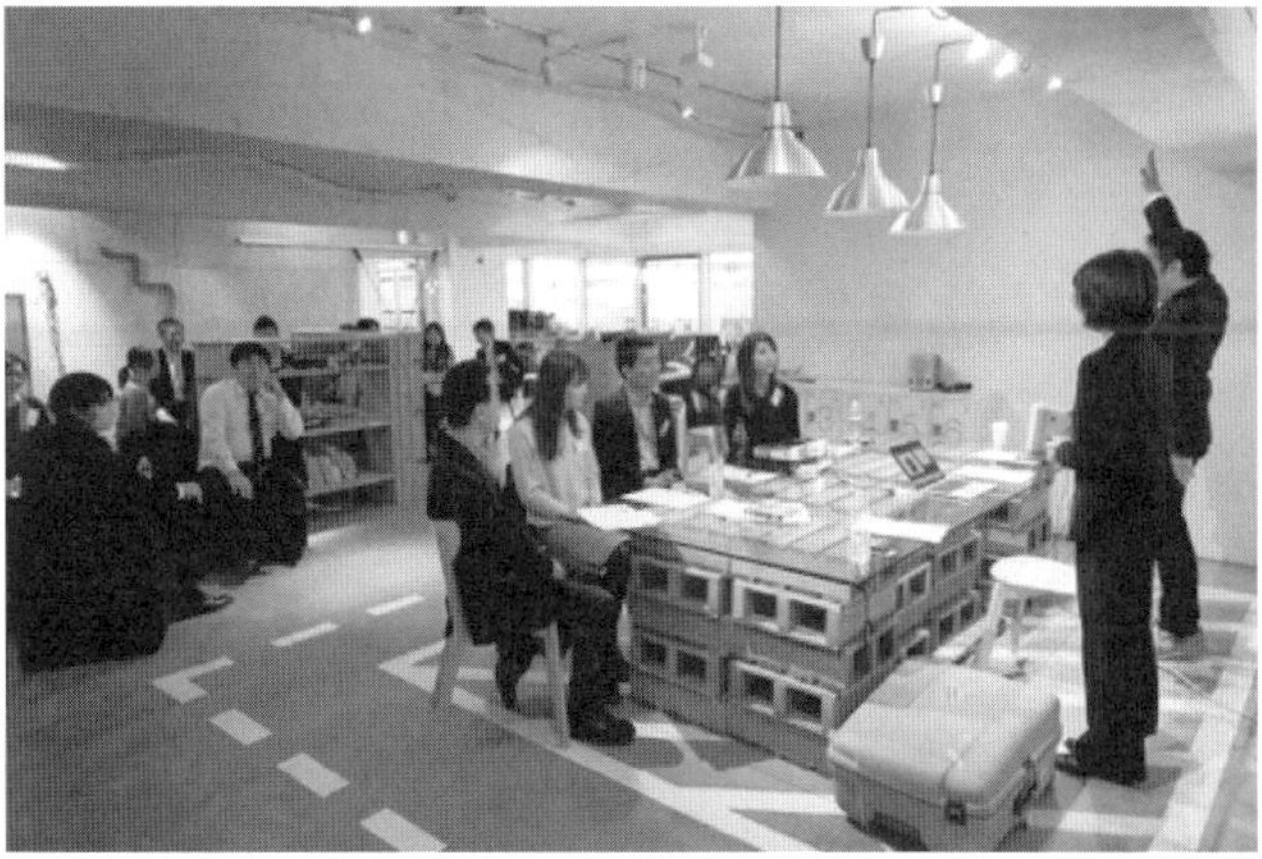

受講者の感想

●本当に「他人の立場に立つ」ことの重要さとその難しさを感じました。また、それに対する具体的アプローチも理解できました。自分の視野が広がった気がします。従業員に対する社内教育の一環として取り入れることで、日々のコミュニケーションの向上になると感じました。

●今までに全く体験したことのない研修でした。内容を頭で理解するだけでなく体感できました。また、今後これらの課題についてどのように考えるべきか具体的に理解できました。

●体験から学べ、とても腑に落ちました。ワークを経るごとにどんどん気づきが増え、どのようなアプローチをすれば理解が深まるのかを短時間で理解できました。従来の「ペルソナ」理解よりずっと具体的、体感的に理解できました。すべての、ひとの気持ちに寄り添うお仕事の人にお勧めします。

他人の靴を履いてみる研修（アドバンス）

「他人の靴を履いてみる」研修のアドバンス版になると、共感し難い、所謂「苦手な人物」の靴をあえて履く体験をしてもらう。好みの人の靴は履こうとするが、苦手な人については、「あの人はダメだ」「あの人のことなんて考えたくもない」というような否定や拒絶の感情が働いてしまうため、その人の靴から目を背け、見ようともしない、ということがよくある。その人物をステレオタイプに当てはめて結論づけて納得し、それ以上深掘りはしない。

しかし、本来であれば、苦手な人の靴、とうてい理解できないと思う人の靴こそ、履く必要がある。研修では、ケースを用いて、利害関係者の靴を履き替えながら、課題を特定し、その解決策を考えていく。

このプログラムに参加した受講者からは、同じ事象でも、他者の靴を履いて視点を変え

研修内で上演される会議ケースのワンシーン

て捉え直すと、物事の見方がガラリと変わった、自分視点からは理解できない言動も、その言動に至るプロセスが追えるようになり、共感し対処法を考えることができるようになった、との声が聞かれる。「苦手な上司と一緒に研修に参加したが、その後、関係性が良くなった」とのメールが届くと、苦手な靴こそ履こう、という解決法を実際に試し、その有効性を感じてもらえたのだと嬉しくなる。

受講者の感想

●「他人の立場に立って」とか「人の気持ちになって」と口で言うのは簡単だけど、ここまでどっぷりと考えたことはなく、とても新鮮でした。頭だけでなく身体も使うことで対象の様々な面が見えてくるのが面白かったです。本で読む、講義で聞くだけでは決して得られない学びです。

●相手の立場に立って考える（他人の靴を履いてみる）ためのステップを学ぶことができた。自分に足りなかったのは、相手に興味を持ち続けることと、他人の靴を履き切れていない点だったのかと気づくことができました。

プレゼンテーション研修

プレゼンテーション研修では、集合研修のほかに「エグゼクティブのためのプライベートスピーチレッスン」があり、後者は、マンツーマンで実施する完全オーダー制の研修を行っている。欧米では、演劇人がプレゼンテーションのコーチとしてスピーチをサポートしている例が多く見られるが、演劇の考え方やテクニックは非常に有効だと考えている。

プレゼンテーション力の向上を目指して、定期的なレッスンを希望されるケースに加えて、この日に、ここで、このようなプレゼンテーションをしなければならない（コンペティションや就任挨拶、受賞挨拶、新商品の発表など）ということで、集中的なレッスンを求められるケースもある。

自分の言いたいことを一方的に主張するプレゼンテーションではなく、聴き手に受け入れられ、行動変容へとつながるプレゼンテーションとなるよう、受講者の意図や想いを丁寧に聞き取りながら、非言語コミュニケーションの使い方等も含めて、レッスンを行っている。

受講者の感想

【集合研修】

●客観的に自分のプレゼンを見ることができた。弱点が明らかになった。フィードバックが的確であり、改善点が明確になったので他の研修も受けてみたい。
●演劇の考え方や非言語コミュニケーションが非常にパワフルだということを学んだ。社員全員に受けてもらいたい。大変有意義だった。
●緊張に対するアプローチはとても役に立つと感じた。ニュートラルな状態を作るための具体的な方法をより深く学びたいと思う。

【プライベートレッスン】

経営者としていまだ足りないものを痛感しながら、これまで様々な研修を受講してまいりました。

私の率直な感想としては、受講者の悩みに対して直接アプローチしてくれる、非常に新鮮で効果的な研修だ、ということです。特徴としてまず、完全オーダーメイドでありマンツーマンであること。講師が私の悩みや成長をしっかりとヒアリングして、その上で演劇のロジックをベースに、わかりやすく、一生懸命親身に研修してくれていることです。中には私が想像もつかないような演習もあり、毎回新鮮に自分自身の殻を一枚ずつ剥いでいっている気持ちです。

この研修をヒントに、翌日からできることを実践し、失敗や成功を繰り返しながら、今までは暗中模索だった現状に大きな道筋をもらい、少しずつ変化してゆく自分を楽しんでいます。

イノベーションの手法を学ぶ「デザインシンキング研修」

デザイナーの手法を取り入れ、イノベーションを創造する「デザインシンキング」に、いま日本の多くの企業が関心を示している。

この新しい思考法を学ぶ、初学者のためのプログラムを作って欲しいとの依頼を受け、私たちは、演劇的にアプローチする、体験型「デザインシンキング研修」のプログラムの作成に取り掛かった。

デザインシンキングのプロセスは、第3章でも図示したように①共感②定義③アイデア創出④プロトタイピング⑤テストの、大きく5つに分類される。研修冒頭では、デザインシンキングの全体像をレクチャーで掴んでいただき、その後、プロセスの一つ一つについて、認知的かつ体験的に理解できるようプログラムを組んでいる。

なかでも最も時間を割いているのが、最初のステップである「共感」についてだ。どうすれば他者に共感できるのか、そのポイントとプロセスをPTMを用いて丁寧に説明していく。「デザインシンキングでは共感が不可欠」と言われるものの、ではどのように共感を深めるのか、ということについて語られることは少ない。だが、この最初のステップを踏み外してしまうと、その後に続くステップに支障を来たし、イノベーションにつながるような発想をすることが難しくなる。そのため、研修のおよそ半分の時間を「共感」の理解に充てている。

身体性を重視したワークを取り入れ、認知的理解を深めていく手法をとるため、オンライン研修であっても、立ち上がって周りを歩いたり、講師の差し出す箱の中に手を入れたり（実際には画面越しだが）と、アクティブに動くことになる。日頃の業務で使っているロジカルな思考法とは異なるため、そのギャップに時に苦しみ、時に楽しみながら、受講者は、デザインシンキングによるアイデア発想を体験することになる。

受講者の感想

●日頃の課題解決において、柔軟な発想が必要なのは感じていたが、柔軟な発想の力を身に着けるのは難しいと感じていました。今回はそのコツが体感でき、また他者の発想の幅の広さを感じることができました。研修全体が実践・体感型なので身に付く実感が非常に持てました。すぐに職場で実践できると感じます。レクチャーも非常に楽しくわかりやすかったです。

●新しい気づきの多い素晴らしい研修でした。そして何より楽しかったです。「デザインシンキング」と銘打つと、とっつきにくく思われそうですが、アウトプットがしやすい研修だったように感じます。管理職として受講させていただきましたので、この経験を部下育成に活かしていきたいです。この度は素晴らしい研修を受講させて頂きありがとうございました。

「ダイバーシティ研修」

社会には様々な価値観を持つ人がいる。そして今、その多様性を否定せず、受け入れることが求められている。この研修では、自分とは異なる価値観の「他人の靴を履いて」ケースディスカッションをする経験をしてもらう。「他人の靴を履いて」辿る思考回路や感情の起伏が、「自分の靴を履いて」いる時とどのように異なるのか、体感してもらうのである。

はじめに、あるケースを読んでもらい、自分が当事者だったら、問題解決のためにどの選択肢を選ぶかを決め、ディスカッションを行う。このディスカッションを通して、各受講者の価値観や思考プロセスが明らかになる。その後、各受講者に異なるペルソナを渡し、ワークを積み重ねて、そのペルソナの靴を履くための準備を重ねていく。そして、今度はペルソナの靴を履いて、同じケースについてディスカッションをするのである。受講者は、自分とは異なる他者の視点で考え、話し、ものごとを捉える経験をすることになる。

2回目のディスカッションでは、受講者は、1回目とは全く異なる主張をするようになる。着ている服も喋り方も表情も変化する。そして、価値観や視点が異なれば、同じ事象を見ても全く違う感じ方、考え方、リアクションをすることを体験的に理解するのである。受講者はもちろん俳優ではなく、ビジネス界で活躍するビジネスパーソンである。しかし、俳優が役を演じるように、他者を内在化することになるため、プログラムが終了しても、担ったペルソナの存在やその視点を、感じ続けるといった感想が寄せられることがある。

自分とは異なるコンテキストを自ら体験することこそが、ダイバーシティを進めるうえで、非常に重要なポイントの一つであると考えている。

受講者の感想

●普段は自分の視点で物事を見て判断し意思決定をしているが、ペルソナを立てたワー

クでは、他人の靴を履いた途端、別の感情が湧き上がり、また議論では各々普段とは別の魂が吹き込まれたような言動が大変興味深かった。十人十色、全く異なる視点、表現、考えがあり、多くの価値観に触れ合う事ができたのは、大変貴重な機会であった。個人的には感情に入り込み易い体質のため、他人の靴を履くことによって自分軸を見失わないよう気を付けたい。

●これまでは、これほど深く他者の視点で物事を考えようとした経験はなかった。他者の視点を得ることは、普段仕事においてもよく言われることであり、入社以来、「上司や顧客の立場に立って考えること」を指導されてきた。しかし、今回ペルソナに真剣に取り組んだ際、普段は他人に自分の都合の良い靴を履かせ、他人のことを考えた気になっていたのではないかと気づいた。考え抜くことは正直精神的にも負担がかかる(やりすぎると鬱になると感じた)。講義にもあったように、意見の合わない他者は排除する傾向に有り、事実部下であれば相手の事を深く考えることもなく指示することが多々ある。しかし、興味を失くし決めつけ続けた結果、私自身部下の変化に気づけず彼女の成長を上司としてサポートできていなかった事に気づいた。今後は他者視点を得る努力は続けたいと考えている。また、この経験は仕事だけではなく、プライベート(友人、配偶者)でも重要であると考える。

研修内で実施したワーク事例

トビラボのプログラムでは、コミュニケーション能力を高めるために、様々な演劇手法を用いたワークを取り入れている。

①「拍手回し」

コミュニケーション力の基礎を養成することを目的に行うが、このワークは多くの要素を含んでいる。省スペースで実施でき、一歩も動かずに、軽く汗をかくくらいの運動を行うことが可能だ。受講者をリラックスさせるのと同時に、集中させることもできる。また、チームビルディングの最初のワークとしても機能する。「会議や朝礼に取り入れました」という連絡をいただくことも多い、手軽に誰でもできるワークである。

手順1 (1) 受講者全員で輪になって立ち、起点となる人が隣の人に向かって、拍手を1回する。(2) 拍手を受け取った隣の人は、またその隣の人に拍手を渡していき、起点の人に戻るまで続ける。(3) 最初は、1方向に、スムーズに拍手を渡していくことを心がける。

【留意点】拍手の受け渡しの際は、相手の眼を見て、大事なものを受け渡しするつもりで行うこと。また、受け渡す相手には、目だけを向けるのではなく、体ごと向けて、相手と正対すること。体の緊張をほぐすとともに、コミュニケーションのベースとなるアイコンタクトをしっかりするよう促すこと。

最初は、右の人からもらった拍手を左の人に渡すだけだが、徐々にスピードを上げていく。

慣れてきたら、右隣の人から回ってきた拍手を、その人に戻してもよいというルールを加える。

【留意点】自分の番が終わったと思って気を抜いていると、また戻ってくる場合があるため、常に状況を把握しておくように念を押すこと。

手順3 慣れてきたら、起点となる人を2人、3人、4人と増やし同時に複数の拍手が回るようにする。ワークはさらに複雑になり、集中力が高まる。

【留意点】同時に両側から拍手を渡された場合は、慌てずに、同方向に2拍手を渡すか、1つずつ異なった方向に拍手を渡すか判断すること。常に拍手がどこにあるのか把握すること。拍手

を渡された時にすぐ反応できるよう身体を準備しておくこと。拍手をなくさないこと。

拍手が自在に回るようになると、受講者は、即応性の高い、リラックスした身体とはどのようなものかを考え始める。また、常に視野を広く保ち、複雑なコミュニケーションに対応していく力を養う訓練として、本ワークが機能することになる。

② 「This Morning」

無意識の行動を意識化し、自他の違いを認識することを目的に行う。

手順1　その日の朝起きてから、出勤までの行動を記述する。忙しい朝のルーティーンのため、顔を洗い、服を着替え、朝食を食べ、歯を磨き……など、ほとんどの受講者が同じような行動パターンを書くことになる。

手順2

何を見たか、どんな香りがしていたか、どんな音が聞こえたか、どんな肌触りだったか、といった「感覚」の情報を加えて書き出す。この情報が加わると、それぞれの朝の情景が鮮やかに再現され、各々が、他の人とは全く異なる朝を過ごしていることが見えてくる。

自分や他者の「行動」だけを見ていたのでは、自他にはそれほど違いがないような錯覚に陥いる恐れがある。この落とし穴を回避するためには、「行動」から一歩踏み込んで、「五感情報」を拾い上げる必要がある。コミュニケーションにおいては、自他の違いをまず認識し、「自分と異なるコンテキストを持つ他者」の視点に立とうとすることが、非常に大切になる。これは、普段意識することのない「感覚情報」を捉え直し、自分と他者を知っていくためのワークである。

③「The Chair」

非言語コミュニケーションの力を鍛えるワークとして用いることが多いが、「タスク」

「ステイタス」等、PTMにおける重要な概念を説明する際にも用いるワークである。

手順1 中央に椅子を一脚置く。そこにひとりが座る。

手順2 そこへ他の受講者がひとりずつ登場し、着席者を離席させることを目的に、言葉を使わずに、非言語コミュニケーションのみで状況を創出する。その際、着席者を突き飛ばす等の暴力行為は禁止。

着席者は、相手をよく見て、状況を理解し、離席したくなったら立ち上がって退場する。

状況に応じて身体を動かすことができれば、多くの情報を他者に伝えることができる。このワークを繰り返すことで、言葉をサポートする非言語コミュニケーション力を向上させることができる。

第6章

対談

演劇アプローチは企業経営の場でどう活かされているのか

――日本電気株式会社　鈴木克巳氏（製造ソリューション事業部門スマートインダストリー統括部長）に聞く

演劇アプローチ導入のきっかけ

（広瀬）

今日は、お忙しいところ、お時間をとっていただき、ありがとうございます。トビラボの研修を組織に導入された経緯や成果について、お話を伺いたいと思っています。よろしくお願いします。

そもそも、この演劇の手法を使ってみようと考えたきっかけは何だったんでしょうか。


（鈴木）

2018年でしたよね。ちょうどこの年に、役割・立場がちょっとだけ上がったんです。人材育成についての提言を、それなりの立場でできるようになって、今までと違うエッセンスを入れられたらと思っていました。

私たちは、お客様にシステムを納めているんですが、古き良きNECって、お客様に言われたことを正確に仕様に起こして、それを作って納めるというような、そういうスタイルだったんですよ。でもそれだとお客様に価値をあまり認めてもらえなくなっていて。コンサルアプローチって言うと言い過ぎですけど、お客様の課題感をどういうふうに解決するか、僕らも代替案を示しながら「こういうふうにやったらいいんじゃないですか」とか、「この業界のベストプラクティスだったら、ＮＥＣのもっている解決手法を使うとこんなふうに解消できますよ」という、提案型のアプローチに変えようという話になっていたんですよね。

そうは言っても、僕らの持ってるものを一方的に押し付けては、お客様が受け取ってくれない。ですから、お客様の本当の課題感は何なのか、お客様にどういうふうに伝えると受け入れてもらえるんだろう、そういうところの力をつけていかなきゃいけないな、という考えがありました。生産管理のナレッジとかシステム開発の能力があっても、お客様になかなか響かなくて。お客様にどのように伝えると解決できるのか、お客様も１人じゃなくて複数いるので、どういうふうに会話をしていくと、この人たちのコンセンサスを取れるんだろう？　と、結構昔から課題だったんです。

お客様に「それだったらいいよね」と言ってもらえる力を高めたいな、と。そのためにお客様が何を考えているか、自分じゃない誰かが何を考えているか、ということを考える力が必要だと。ちょっと長くなりましたけど、多分そんなことが、２０１８年にお願いしたとき、思っていたことですね。

（黒岩）

大きな転換ですよね。言われたことをやるスタイルから、解決策がわからないのでお客様と話し合いながら解決するスタイルへと変えようということですよね。


（鈴木）

はい。ただ、「コンサルアプローチでお客様に売ろうね」という感じで、みんな努力はするんですけど、最終的には人間対人間じゃないですか。合意形成していくときに、単なる知識だけでは説得できない、合意形成に至らない難しさがあって。

お客様に評価される人材、ちゃんと相手のことを理解した上で、わかりやすく説明できる人材を育てる必要があったんです。相手の立場に立つ力が、多分足りてなかった。そういうことを学ぶ研修がなかったんですよね。そこを補完できるようなトレーニングだったらいいなと。

というのと、演劇アプローチって、何か斬新で面白そうじゃないですか。座学で受ける講座もあったし、ケースで学ぶというのもあったけど、（演劇アプローチは）自分の体を使って体で覚える、そんなところが面白そうだなと思いました。僕はトライアルとしてやってみることを決めただけなんです。効果がなければやめようと。でも、わりと私たちの組織内のニーズに合っていて、その後も長く続いてますね。

(黒岩)
最初の研修は、芝浦でやりましたね。

(鈴木)
どんなものなのかと心配で見学しましたね。

(須田)
やや無理やりに、参加までしてもらって。

見るだけではダメで、自分の体を動かさないと学びが実感できないんです。私たちの研修は、そういう部分が面白いと思っているんですが。

(黒岩)
けれども最初、この研修をやるって言ったとき、皆さんから、「えー！　なんですか、それ？」という反発はなかったですか？

（鈴木）

その時はね、僕も「これ絶対すごいから」みたいなことまでは言えなくて。「でも何かちょっと面白そうだよね」みたいな感じでね、導入しました。

そのときは、このプログラムだけじゃなくて、人材育成全体のステップを見直してブラッシュアップしていこうと、人材育成タスクフォースという組織を編成したところでした。ちょうど新しいトレーニングを導入する機運だった、というのはあるかもしれないです。

（須田）

それまでは、どんなアプローチで人材育成をされていたんですか。

（鈴木）

それまでは、やっぱりＩＴスキルや交渉力、ロジカルシンキングですね。あとは生産管理に代表されるお客様の業務に関するドメインナレッジなど、そういう知識吸収系のほうが多かったですね。

（黒岩）

そのタスクフォースで全体を変えようというのは、先ほどおっしゃったコンサルテーションをするために必要な能力を高めないといけないというのが目的だったんですか？


（鈴木）

そうです。NECにもコンサルティングをやっているメンバーがいるので、コンサルティングスキルは彼らに教えてもらっていたんですけど、ロジカルシンキングプラスアルファの内容で、こういう話をして行こうみたいな感じなんです。けれども結局それって、相手のことを見るというより、自分たちの力を上げて何とかしようと言うことですよね。でも実際は、お客様と会話する力や、会話して自分の価値を認めてもらう、信頼関係作りのようなことが最後は大事になるんです。そういう教育って、あるようでなかったんですよね。

鈴木克巳氏

演劇アプローチの効果

（広瀬）
受けた方々の反応は、どんなものなんでしょうか？

（鈴木）
正直、十人十色です。最初は、演劇に興味がある人が受けてましたね。演劇がこんなふうにビジネスに紐づくのは面白いという、興味みたいなところが半分、あったりしたのかな。

ただ、「相手を知るには興味を持つこと」など、改めていろんな気づきがあったという人も結構いたように思っています。相手をどういうふうに見ていくか、そういう見方みたいなところですかね。

（須田）
つい、目的が先に立って、説得しようとか、説明しようとか、製品を売ろうと考えますよね。

(鈴木)

そうそう。やっぱりね。時間制約がある中で効率的にやろうとすると、自分のストーリーを押しつけてしまう。結局、お客様と合意形成するためには、お客様が何を欲しいかというところから逆算して会話すべきなんだって、そういう「逆の発想」への気づきを得た人もいると思います。

(黒岩)

最初の研修の受講者は、20人ぐらいでしたかね。

(広瀬)

そうですね、確か20人くらい。

(鈴木)

毎年、結構な人数が受講してますよね。

（黒岩）

受講者の反応は十人十色とのことでしたが、ネガティブ側はどんな感じですか。

（鈴木）

ネガティブというか、「言ってることわかるけど……」という感じで、ちょっと引いた感じの人はやっぱり居るには居るんです。でもそれは、お客様と握るという本当の難しさを経験してない人だったりします。いろんな年齢層や経験層の人がいるんで、あそこに出てる人が全員が全員、よかったなって心の底から思うかっていうとそうでもないでしょうし、そこはいいかなと思うんですよね。

ただ、最近受けてるトレーニングと直結するかどうかは別ですけど、やっぱり営業力だったり、お客様とのシステム開発のセッションだったり、いろんな場面でしっかりバリューを伝えるためには「ロールプレイがすごく大事だ」という話になってきています。キーエンスでは、すごい人は毎日ロールプレイをやっているという話を聞いたりしますね。そういうロールプレイをするときには、本人はNECの人間ですけど、お客様の立場になったり、社内に提案する前の審査では、社内の上司の立場になったり、いろんな立場を体験させています。そうした経験を通して、「お客様ってこんなことで悩むんだな」とか、普段うるさいことを言ってくる上司が、「実はすごく大変な意思決定をしてるんだな」と、思い至る。こんなふうに新しい視野が開けるなど、実務能力が上がるだけじゃなくて、そういうプラスアルファの効果もあったりするんですね。演劇アプローチの研修とロールプレイとで相乗効果があるというふうに実感してます。

（須田）

そのロールプレイは、どれぐらい深く掘り下げてやっているのでしょうか。強度を上げて行けば、ロールプレイはとても有効だと私も考えているんですが。

（鈴木）

ロールプレイがウチの社内に定着してるかというと、まだそうでもないんです。「ロールプレイをやった方がいいよね」というのは、前からずっと言ってたんですよね。でもロールプレイのやり方がわからない。うまくやりきれないんですよね。去年、僕の部下が、お面を被って、それも私の写真をお面にして被って、私の立場で会議をやってみたんです。あれは、面白かったたな。

広瀬彩

（広瀬）

貴社で実施したプログラムで、会議シーンを考えるものもありました。ちょっと小煩い課長がいて、会議がうまくいかない場面を私たちが演じるんです。参加者は、はじめ〝会議をダメにしているこの課長をいかに排除するか〟、ということを考えるんですが、課長の視点に立って演じさせてみると、ガラッと意見が変わって、彼は彼なりに筋があるっていうのがわかるんです。

（黒岩）

普通のロールプレイは、手順を理解するためにやったりするんですけど、私たちの研修では、実際に相手になりきることで、相手の視点で物事を考えていく、ということになるんで、一般のロールプレイよりも、もっと効果が高いと思います。

（鈴木）

そうですね。私もそうだと思います。


（黒岩）

私たちの研修が役に立っているとすれば、与えられたロールになる方法がわかっているのかもしれませんね。訓練してない人がロールプレイをやっても、ロールになりきれないですよね。


（鈴木）

そうそう、そこについては、研修を受けた人には間違いなく何か生きてる気がします。


（須田）

研修では、「自分とは何か」ってことを、改めて、机に並べるようなことをするんです。そうしたワークの中で、何かこう、皆さん、自分に気づく、他人に気付くということが生まれるんですね。

（鈴木）

そう思いますね。最終的には、その場で合意形成していく、というだけではなく、オーディエンスの心を動かすようなことを突き詰めていかないと。

そうなんですよ。僕はね、ＭＢＡで学んだ知識を活用してロジックを組み立てて組織と人を動かそうとしてきました。でも、それで数年やってみたけど、ロジックでは人は動かない。ロジックに使命感を加えても、人は動かないし、組織は動かない。

その限界に立ち向かって3年近く、とても苦しみました。その後、「心を動かすにはどうしたらいいか」というところに行き着いた。それで、「心を動かすには演劇？」「演劇人は、人の気持ちを動かそうと思ってやっているのか？」「それをやった結果、心を動かしてるのか？」とすごい興味が湧いて。

（須田）

それは、「やった結果」だと私は思います。俳優は演じている時に、直接観客の気持ちを動かそうとしているわけじゃないんです。もちろん、結果的に気持ちを動かすことになることはわかってますし、そうなるように工夫はするわけですが。

（鈴木）

そうですよね。そこら辺の本質に近づいていきたいなと思っています。まだね、僕は人の気持ちを動かすには、という方に行っちゃうんですけど、本当はそうじゃないのかなとも思ってる。いや、奥深いですね。

ロジックとは別の働きかけを

（黒岩）

面白いですね。ロジックだけでは人が動かない、そこの部分に応える研修なのかもしれませんね。


（鈴木）

昔みたいに、日本的な、上意下達で、組織を動かしたり、維持していくというのは、相当無理があって、やはりメンバーと創発的にいろんなことをやっていく必要ができてていますね。その時に、1人1人の個性や能力を最大限に活かしつつも、「でもやっぱりこっちに向かっていくんだ」、という求心力を作るためには、その組織の文化を作っていかなければならない。そのときに、やはりトップのメッセージがとても大事ですね。そのときに、1人の人間として「こっちに行こうぜ」と呼びかけ、言われた皆が「そうだよね」と思ってくれないといけない。今、僕の最大のチャレンジですね。

（須田）

演劇と聞いて、それならどのように動いたら伝わるのか、などと言ったように「振り付け」を求める方もいるけれど、そういうことではないんですよね。

（鈴木）

そう。そうではないんです。

（須田）

話をする人自身がやはり重要なんですよね。その人の一番の魅力を引き出せるような形でなければならないと私は考えています。

エグゼクティブ向けのプライベートスピーチレッスンでは、いつもそこを最も重視してアドバイスをしています。

（鈴木）

２０１８年当時、僕の配下は、２００人ぐらいいたのかな。今は彼・彼女らだけじゃなくて、製造業のお客様向けに動いている他の組織の営業やＳＥ１０００人に対してもメッセージ発信をしていかなきゃいけない。直属の部下もですが、隣の組織の営業だったり、メンバー全員に影響を与えているかっていうと、なかなか難しい。やはり「そっちに行きたいよね」と思わせる何かが必要になってくる。その時に、ロジックも大事だけれども、それだけではね。たんに指示するだけでは人は動かないんだな、と。「やりたいな」という気持ちを持ってもらうためのコミュニケーションや人間関係が大事なんですね。

（黒岩）

カリスマ的なパフォーマンスじゃないんでしょうね。

（鈴木）

それとも違うんですよね。

（黒岩）

演劇と聞くと、体の動きに注目しがちですが、本当はそこじゃなくて、相手のことを理解して、その人に共感するということがコミュニケーションの要諦ですね。

今は、リーダーのコミュニケーション力が重要な時代ですね。

昔の経済状況だと、問題がはっきりしていて、一番効率的にたどり着くにはどうすればいいか、という発想でいきますよね。でも、変化が激しくなってくると、すぐに状況が変わっていくから、その状況に合わせて、チームも変化しないといけない。

（鈴木）

そうそう、そうなんですよね。昔は、ある意味、問題が上がってきて、組織として上長を入れた会議体を持ち、そこで意思決定をして、次のアクションをするっていうサイクルで全然いけてたと思うんです。でも今はもう現場で意思決定をして、現場で最適化していかないと、全然スピード感も出ませんし、結果として勝負に勝てないんですよね。

（黒岩）

そうなるとチームの中でのコミュニケーションが重要じゃないですか。状況の変化に合わせて、即興的な判断をしないといけない。トップだけじゃなくて、現場の人たちもそれをやっていくような。

（鈴木）

そういう組織を作らなきゃなと思いながら、そうは言っても、やはり皆「こうやったら正解に行けるよ」と自分以外の誰かに言ってほしいと思っているところもあるので。正解が分らない中で、1人ひとりが「ここを目指して、こういうことをやっていきたい」と思えるような組織をどう作るか。そこが結構大事で、そのために僕はどういうメッセージを送ったらいいかとか、メンバーたちにどういうサポートをしたらいいかとか、日々考えています。

相手の価値感にアプローチする

（黒岩）

部下の方たちに何か変化はありますか。問題意識があった2018年から5年経ちますけど。

（鈴木）

そうですね、前の組織で言うと、システムエンジニアは、やはりお客様に言われたことが正解だって思って、仕事をやってしまっているような部分もあったんです。

それを「僕らにはバリューがあって、それをちゃんとお客様に伝えてその価値を感じてもらい、対価をもらって仕事をやっていく」というように変えていく必要がありました。私も推進してきて、もうそこはすごく変わってきたというところですね、２０１８年から。

ちょっと言い方を気を付けないといけませんが、「バリューを認めてもらえないんだったら、そのお客様とは仕事できない」という、そういう判断をしていったらいいと思うんです。ただ、そういうバリューをちゃんと伝えるためには、お客様が何を求めているのか、僕らが本当に何をできるのか、ちゃんと伝える力というのが必要だと思っています。でもそういうコミュニケーションができてないケースも結構あるんですよね。

お客様はもっと安くしろとか、もっと早くやれとか言うんです。でもお客様が本当にやりたいことを理解し、それをやるためには、こんな短期間でできるわけではないという話をちゃんとお客様に伝える必要があるんです。そんなに安くやってくださいと言うなら、「お客様がここを目指すとしたら、これだけの費用がかかりますよ。逆にその予算額が限界だとしたら、この範囲でやりませんか？」と。

やはりお客様と会話をして、コストとスケジュールと価値のような部分をしっかりと示した結果、僕らの価値を認めてもらうという、そういうふうに仕事のスタイルがすごく変わってきています。

鈴木克巳氏

（黒岩）

お客様が価値と感じるものを提供しないといけない。でも、その前に、彼らが何を価値として感じるかを察知しないといけない。

（鈴木）

はい。お客様側の期待値として言わなくても、「こういうことをやってくれるだろう」、僕らもお客様に言わなくても「これは、わかってくれるだろう」みたいな感じで期待値のギャップは絶対起きるんで、「そこをちゃんと折り合いつけてコミュニケーションしようね」ということをよく言ったりします。

(黒岩)

それは研修の受講者の方からも聞いたことがあります。すれ違いがあるから、あらかじめそのギャップを埋めるようなやり取りがあると、それを未然に防げると。

(鈴木)

そうなんです。「その期待値に齟齬が起きるので、そういうことを乗り越えていきましょう」とお客様と会話してるだけでも全然違うんですね。それを言わないでやると、お互いの期待値が齟齬を生んで喧嘩にしかならない。

(黒岩)

そういう面では、最初のコミュニケーション、最初の擦り合わせが大事ですね。

（鈴木）

大事ですし、プロジェクトをやっていくときにはどんどん局面が変わっていくので、そういうことが常に起きるんですよね。お客様と乗り越えていける関係性を作れるかは、お互いのことをちゃんと理解し合うというのがすごく大事です。

演劇アプローチへのさらなる期待

（黒岩）

現在のところ、「他人の靴を履く」研修を受講した人は、延べ何人ぐらいになってますかね？


（鈴木）

１００人程度受けてますね。

（黒岩）

１０００人に対して約10％？

（鈴木）

はい。１０００人のうち、システムのところが５００人の組織なんです。もう結構受けてるので、影響は広がってると思いますよね。

すいません、正直言うと、僕はこの研修をずっと継続するとは思ってなかったので、思いのほか、すごく高い評価を得ていると思います。僕が押し付けてるわけじゃないです。これは本当に本当なんですけど。きっかけを作っただけです。現在まで続いていて嬉しいんですが。

逆に言うと、最近の研修のことは、あんまり把握してなくて。アンケートの結果とかは見ていますが。

（黒岩）

５００人に対して20％の人がやっているということは、相当影響がありますよね。

（鈴木）

そうかも知れないです。直接ではないかもしれませんが、根底にはね、すごい根づいてきてると思うんで、そのサポートをしていただいてるのは、すごくありがたいなと。

（須田）

ロールプレイを沢山されているとのことですが、ロールプレイのブラッシュアップの必要性は感じてらっしゃいますか。

（鈴木）

ロールプレイのブラッシュアップは、ぜひぜひお願いしたいですね。やっぱりね、そこがすごくここから先の力に繋げられるかっていうところの岐路だと思っていて。

今の僕の組織は、戦略立案とＰＤＣＡを回していくことがミッションで、実際の実行は営業・ＳＥ組織と連携して仕事をすることになります。そうすると戦略として「どのように顧客を定義して、どういうふうにやって欲しいか」というのを考えるために、お客様のことを想像してどんな価値を届けることができるかを検討する力を高めていく必要があると思っています。この組織にもちょっとトライアルで研修をやってもらいたいなと思ったりもしてます。でも私はきっかけを作るだけで、それを続けるかどうかは、皆で判断してもらおうかと。

（黒岩）

「他人の靴を履く」研修だけじゃなくて、応用版もいくつかやってますよね。

（広瀬）

それこそオンライン会議のファシリテーションみたいなものも実施しています。

（鈴木）

それもね、オンライン会議って、最初すごくハードル高くて。ラジオのパーソナリティみたいに喋り続けなきゃいけない。「何かすごい能力が求められるな」と思っていた時期もありました。

（須田）

相手の存在が感じられないまま話し続けるには、強靭な精神力が必要ですよね。やはりちゃんと双方向で繋がっていることが必要なんだ、と思います。

（鈴木）

打ち合わせなどは、顔出しして表情を見ながらできるんですけど、組織の上の方の立場として、月1回メッセージを発信しなきゃいけない。表情が全く分からないので、延々と喋り続ける。終わった後の反応も見えない。そういう授業とかないですか？

（黒岩）

ありますよ。できるだけ映像はオンにして反応を見ながらやっています。不安でしょうがないですよね。

（須田）

関係性のマップを作る研修もやりましたね。映画や演劇において、いわゆる人物の相関図がありますが、そこに自分を入れて考えていきます。今まわりにどういう人がいて、どんなことを求められているのか。これからこの人たちと一緒に、私は物語を作っていくんだっていう、そういうことが予感できるようなものです。

（黒岩）

相関図を描く研修は、新入社員の方なんで、自分の会社がどういうふうに動いてるか、上司の方からいろいろ言われるけど、上司は上司なりに意図があることを理解するとか、他者の視点に立つと、仕事の動きが分っていく、という話だと思うんですけど。

須田真魚

最初にこの研修を考えた時は、システムエンジニアの方や営業の方などが顧客の会社の組織を見ていく、自分の目の前にいる人はこういう人だけど、その上の決裁者はどういう人で、お金を握ってる人はどういう人で、実際に工場でオペレーションしてる人はこういう仕事をして、という、これをちゃんと相関図を作ってそれぞれの人たちがどういう要求をするのか、というういうことを想像して、それで提案をすると、いい提案になるんじゃないかって。

（鈴木）　いわゆるステークホルダーマネジメントみたいなやつですね。それは演劇アプローチと関係するんですか？　プロファイリングして確認するような？

（須田）　演劇の作品によっては登場人物が多く、物語の構造が複雑なものもあるんです。そういう時、この物語はどういうふうになっているのか、見える化して図に描いていくことがあります。あるいは、ここでこういう形で関係が変わるんだよねと、といったことを確認します。

（鈴木）　ぜひ、そういう教育をやってもらいたいかな。結構大事ですよ、それは。よくある話が、結局、まずステークホルダーは誰ですか、最初の意思決定者は誰ですか、そこに駆け上がるまでにどういうステップがあって、どこではじかれる可能性がありますか、この人とこの人が繋がってるんだったら一緒に会話して、などなど。普通に商談マネジメントってすごく大事なんですよね。

でも確かに、僕らは役職が上がると少し広い視野で見ることができるというか、経験値がある人は、広い視野で見たりできる可能性が高くなりますが、やはり現場でお客様対応をしていると、目の前で会話してる人が全世界になるんですよね。その人が「（お客様の）○○課長が、良いと言ってるんだよ」と言っても、その上の立場の人は「いやいや○○課長は、□□部長に話を上げられるんだっけ？」となったりして、なかなか全体最適で成立性のある攻略シナリオの検討に行き着かないことがあります。最近、そこをちゃんとできてるのかどうかが、ちょっと自信ないです。

ステークホルダーマネジメントは商談をする中で、本当に大事な要素です。

（黒岩）

多分、暗黙的には感じてると思うんですが、実際に相関図みたいなものを書いてもらって、それぞれの人たちの言いそうなことを書き出すと、より精緻になる。そうしたことが考慮された提案になってほしいな。

（須田）

さらに、今、自分がどれくらいの視座、スケールにあるのかということもわかりますよね。自分から見ると、実は三つ先までしか見えてない。そういうこともわかる。

（黒岩）

そのときに役作りの手法を使うと、この人は会った事がないかもしれないけれど、こういうことを考えそうというのが分るんじゃないかな。

（鈴木）

まさにそれですね。会ったことがなくても、「この立場の人だったら絶対これにこだわるよね」みたいなのがあるじゃないですか。これがね、やはりできる人とできない人の差があって、能力差みたいになってしまう。その力をつけたいんですよ。そこに、支援をお願いできれば。

演劇アプローチと違うアプローチでもやっているんです。マネジメントする人は、どういう思考のプロセスであるべきかとか、どういう責任を担ってきたとか、そのときに考えなきゃいけないことはどんなことか、先をどう読んでいくかとか、そういうことを考えていくトレーニングをやってきています。その中で、その商談を良い形で受注するためにはどんなステークホルダーがいるかとか、この人はどういうふうに考えているかとか、「絶対にうまくいかない仕事だよね」とか、やはり上位者がきちんと組み立てられないと、下位のメンバーでは難しい。部門長、今でいうディレクター以上にそういう力を身に付けさせようという目的です。

（黒岩）

もともとBtoBマーケティングのフレームワークの中に、ステークホルダーを見ていく、「購買センター」という考え方がありますが、それを演劇アプローチでやると、それぞれの人たちの視点が、よりビビッドに分ってくる。

（鈴木）

どういうふうにそのワークを取り込んでいけばいいのかな。人材育成サポートというチームが立ち上がってるので、そことちょっと会話してもらうのがいいかもしれません。

僕の組織の中でも、まだできてないこともあって、演劇アプローチを取り込もうかなと思っているので、助けてもらいたいですね。

ステークホルダーの視点獲得の能力は高めないといけないので、どんなトレーニングになるのか、整理をしてもらって、僕の課題の支援をお願いします。

（黒岩）　何だか商談みたいになってきましたね。

ＮＥＣではやってないけれど、他の会社でリサーチ部門の人たちへも研修やってますよ。リサーチ部門では、お客様を統計から理解したり、客観的に理解する部分が多いけど、お客様の立場になって内側から理解するというアプローチですよ、と。

（須田）　お客様の中に深くダイブしていくっていう。

（鈴木）　様々な文脈で活きるんですね。演劇アプローチは。

（広瀬）　そうなんです。私も、そこが演劇アプ

黒岩健一郎

ローチの面白いところだと考えています。

今日は、貴組織での演劇アプローチ導入の経緯や効果についてお話を伺ってきました。私たちの研修プログラムが組織文化の一部になっているとすれば大変うれしく思います。今後ともよろしくお願いいたします。

あとがき

本書を最後までお読みいただき、ありがとうございます。

本書の出版が決まり、執筆を開始したのが3年前のことです。外出自粛が求められ、人との接触が憚られる時期でした。Covid-19による新しい体験を日々上書きしながら、書き進めたり、立ち止まったり、また書き進めたりしながら、ようやく、あとがきの執筆にたどり着きました。

ビジネススクールへの入学を決めた時、ビジネスと演劇にどのような親和性があるのか、答えを持っていたわけではありませんでした。ですから、当初は自分の演劇のバックグラウンドがビジネスの分野でどう役に立つのかは見当もつかず、企業で活躍する同期生たちと机を並べて学ぶことに、大きな不安を抱えていました。

文化庁の在外研修員として学んだ英国の王立演劇アカデミー（RADA）では、イギリス国内外で演劇を用いた企業研修を展開していましたので、両者には何らかの関係があるのだろうとは思っていました。しかし、企業の最前線で働くビジネスパーソンの研修がなぜ演劇なのか、なぜ世界各国から研修依頼が舞い込むのか、私には全く謎だったのです。

しかし、ビジネススクールで学んでいく過程で、その謎を解く発見がありました。そして、キーワードは「人間」ではないか、と思い至ったのです。

演劇は「人間のシミュレーション」を行うアートだと考えています。ある状況下に、バックグラウンドや価値観の異なる人間を配置し、何か困難を与えたとき、その人物たちがどのように葛藤し、その障害を乗り越えていくか、または乗り越えられずに破滅していくか、そのプロセスを各登場人物の視点に立って、緻密にシミュレーションをし、観客に提示するのが演劇だと、私は理解しています。

演じるときには「役の靴」を履き、その時、役（＝私）には何が見えていて、何が聞こえているのか、その何に心を動かされたのか、私の心を占めているものはどんな感情なのか、可能性を一つ一つ考えます。前後関係を踏まえて、シミュレーションを重ね、より納得のいく選択肢を選んでいきます。その結果が、舞台上で演じられることになります。

一方、ビジネスでも「人間のシミュレーション」は欠かせないものだと考えています。ビジネスにおいては、ユーザーや消費者、株主やクライアント、部下や上司などの利害関係者の視点に立って、その言動からインサイトを捉え、その先の行動を組み立てていくことが求められます。人間をパートナーとして、人間を相手にビジネスを展開するのであれば、この先も、ビジネスに関わる人たちは粘り強く「人間のシミュレーション」を行う必要があり、人間を避けることはできないでしょう。

演劇はその発祥以来、ずっと人間のことを考えてきました。人が何に涙し、憤り、微笑むのか、人の行動にはどのような感情のプロセスが伴うのか、シミュレーションを繰り返してきました。ですから、人間について考えるための手法が、演劇界にはたくさん蓄積されています。

また、演劇作品をつくる場は、創造の場でもあり、表現の場でもあります。俳優の想像力や即興力、表現力を引き出すために考えられた手法もまた、蓄積されてきました。俳優に留まらず、ビジネスパーソンにとっても、これらはとても有用だと考えています。

ビジネススクールを修了したあと、演劇をビジネスシーンにおける課題解決のツールとして活用したいと考え、2018年に株式会社トビラボを起業しました。本書の共著者である黒岩先生の軽やかなフットワークと力強いバックアップ、そして須田氏のユニークなアイデアやスキルがなければ、このように早い段階での起業は、到底できなかったと考えています。以来、研修プログラムの開発や企業との共同研究について、それぞれの知見からアイデアを出し合ってきました。様々な依頼に対して、新しいプログラムを考えますが、プログラムミーティングの開発はいつも楽しく、他者の提案を受け入れ、そのうえで新たな提案を重ねる「Yes, and」が機能しています。

本書執筆にあたって、多くの方々にご支援をいただきました。在外研修で渡英する前からご指導いただいているRADAの元校長、ニコラス・バーター（Nicholas Barter）先生、演劇アプローチの可能性に興味を持って道を開いてくださった青山学院大学ビジネススクールの岩井千明先生、長期にわたり共同研究を行っているDNPサービスデザインラボの山口博志氏、鈴木英恵氏、松田久仁子氏、打ち合わせに毎回参加して「面白いですね～」と背中を押してくださった同友館の佐藤文彦氏、原稿を読み適切なフィードバックをくださった毛利拓也氏、山田由美子氏、根岸直樹氏、私たちのプログラムにいつも適切なアドバイスをくださる野本由美子氏、英国演劇を専門とされる演出家の三輪えり花氏、トビラボの企業研修プログラムに興味を持ち、支持してくださったビジネスパーソンの皆さま、そして、青山学院大学ビジネススクール開講の授業「ビジネスへの演劇アプローチ」をこれまで履修してくださった皆さま。

皆さまのご支援がなければ、本書がこうして世に出ることはありませんでした。
心より感謝申し上げます。

（幕）

【お問い合わせ】

株式会社トビラボ

●住所●
〒150-8512
東京都渋谷区桜丘町26-1
セルリアンタワー15階

●電話●
03-6811-1323

●メール●
info@tobelabo.com

●ホームページ●
https://www.tobelabo.com

◎著者紹介

広瀬　彩（ひろせ・あや）

株式会社トビラボCEO・舞台俳優・声優・聖徳大学文学部准教授

ストレートプレイから音楽劇まで、国内外の様々な舞台に出演。文化庁の新進芸術家海外研修制度の在外研修員として渡英し、王立演劇アカデミー（Royal Academy of Dramatic Art）にて、シェイクスピア演技コースを修了。

主な主演作に、チェーホフ「かもめ」のニーナ役、「三人姉妹」イリーナ役、別役実「赤い鳥の居る風景」、松田正隆「海と日傘」など。ＭＢＡ取得後は、俳優活動に加えて、大学講師（青山学院大学ビジネススクール、上智大学、東京女子大学など）として、演劇手法を用いたビジネス科目やコミュニケーション科目を担当。

国際コミュニケーション修士　経営管理修士（ＭＢＡ）

須田　真魚（すだ・まお）

株式会社トビラボ講師・俳優。

劇団俳優座を経て、さまざまなジャンルの劇団や言語表現の枠を越えた国内外の舞台に参加する。主な出演作に五世野村万之丞演出「三島の女たち」（ルーマニア／ポーランド／チェコ／イタリア）、西川信廣演出「小さき神のつくりし子ら」、鳴海康平演出「かもめ」（東京／金沢／ソウル）「三人姉妹」（新国立劇場）、Alex Byrne演出「ブレーメンの音楽隊」（りっかりっかフェスタ）などがある。近年は演劇の社会還元をテーマに教育、企業研修のプログラム開発を行う。青山学院大学大学院ビジネススクール、東京理科大学、非常勤講師。

黒岩 健一郎（くろいわ・けんいちろう）

青山学院大学大学院国際マネジメント研究科（青山学院大学ビジネススクール）教授。株式会社トビラボ顧問。

早稲田大学理工学部建築学科を卒業後、住友商事株式会社勤務を経て、慶應義塾大学大学院経営管理研究科修士課程修了（ＭＢＡ）。同後期博士課程単位取得退学、博士（経営学）。武蔵大学経済学部専任講師、准教授、教授を経て２０１４年から現職。

専門分野はマーケティング論。主著に『マーケティングをつかむ〔第3版〕』（２０２３）有斐閣、『ケースメソッドの教科書』（２０２２）碩学舎、『サービス・マーケティング』（２０２１）有斐閣などがある。

慶應義塾大学ビジネススクール認定ケースメソッド・インストラクター、ハーバード・ビジネススクール Participant-Centered Learning 修了。

2024年3月25日　第1刷発行

ビジネスに効く！ 演劇アプローチ

©著　者　広瀬　彩
須田真魚
黒岩健一郎

発行者　脇坂康弘

〒113-0033 東京都文京区本郷2-29-1
発行所　株式会社 同友館
TEL.03(3813)3966
FAX.03(3818)2774
https://www.doyukan.co.jp/

落丁・乱丁本はお取り替えいたします。
西崎印刷／一誠堂印刷／松村製本所
ISBN 978-4-496-05696-3
Printed in Japan